RAAB → TOTAL

HALLO FAN,

VOR ERSCHEINEN DIESES BUCHES HABE ICH MICH PERSÖNLICH VON DER RICHTIGKEIT DESSELBEN ÜBERZEUGT. JEDES PHOTO HAB' ICH MIR VORHER ANGEGUCKT UND FINDE, DASS ICH AUF EINIGEN GANZ SCHÖN SCHEISSE AUSSEHE, ABER SO SEH ICH WOHL AUS.

VIEL SPASS BEIM LESEN!

← DER PHOTOGRAPH HAT GESAGT, ICH SOLL SO GUCKEN. NA JA.....

Sehen Sie
sich das hier
bitte mal an:

Steckbrief s. 4

Hier kommt der Raab s. 5
Raab macht Fernsehen –
Der mit der Maus tanzt –
Die ersten Hits –
Raab macht Radio –

TV total – Ein Blick hinter die Kulissen s.20

Das kleine TV total-Nachschlagewerk s.28

Im Netz mit Stefan Raab s.40

Echt gröövy! s.42

aus Stefans Fotoalbum
Achtung!

Nur mit diesem Stempel gekennzeichnete Fotografien sind tatsächlich aus Stefans persönlichem Privatarchiv.

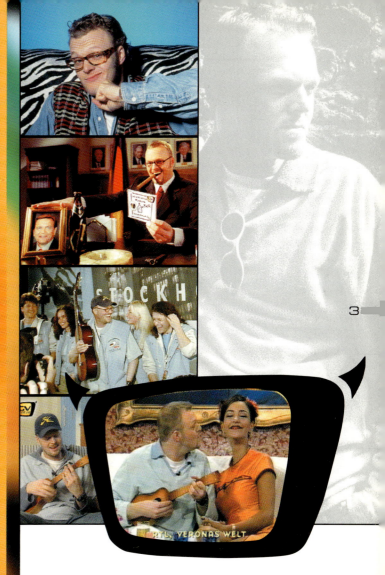

s.44 Die Legende vom „Maschen-Draht-Zaun"

s.46 Grand Prix I
Alf Igel und die singende Nussecke

s.48 Grand Prix II Im Land des Knäckebrots

s.54 Und, wie war's?
– Weggefährten berichten

s.56 Ho mir ma ne Flasche Bier
– Bundeskasper und DJ Bundeskanzler

s.60 Raab und seine Fans

s.64 Impressum

Steckbrief Stefan Raab

Nachname:	Raab
Vorname:	Stefan
Geburtstag:	20. Oktober 1966
Sternzeichen:	Waage
Geburtsort:	Köln
Wohnort:	Köln
Größe:	1.82 m
Haarfarbe:	blond
Augenfarbe:	blau
Hobbys/Freizeit:	Fußball, Kart-Fahren, Eishockey, Segeln, Kickboardfahren
Beruf:	Musiker, Moderator, Komponist, Musikproduzent, Sänger, Metzger und Tänzer
Lieblingsessen:	Mettbrötchen mit Zwiebeln
Lieblingsgetränk:	Cola
Lieblingssänger:	Gerhard Schröder
Lieblings-TV-Sendung:	Nachtjournal mit Speedy-Bremer

Hier kommt der Raab

Eine kritische Selbsteinschätzung von Stefan

Aha, Entertainer also. Auf Kindergitarren spielen und keine Noten lesen können, aber warum eigentlich nicht? Kann Stevie Wonder etwa Noten lesen oder Ray Charles oder Andrea Bocelli? Hauptsache man hört gut, das wusste schon Beethoven. Aber solange man noch laufen kann, steht einer Entertainer-Karriere nichts im Weg.

Okay, Abitur ist schon recht **ungewöhnlich im Showgeschäft** und eigentlich eher ein Makel, insbesondere wenn man weiß, dass Dieter Bohlen eins hat. Umso mehr adelt es, wenn jemand sich durch eine „Sehr gut" abgeschlossene **Metzgerlehre** eindeutig von den mindergebildeten Kollegen absetzt. Ein **abgebrochenes Jurastudium** gehört dazu, um in dieser harten Branche als Nicht-Kokser was herzumachen. Jedenfalls reichts, um ein Musikstudio zu betreiben und durch Produktion von **Werbejingles von der Hand in den Mund zu leben.**

Fast verhungert traf ich einen Mann vom Fernsehen, der sagte: „Du siehst schlecht aus. Willst du 'ne Sendung moderieren?" Ich sagte „Ja", denn ich hatte Hunger und hätte für ein trockenes Brötchen alles getan, sogar das.

So kam ich zu Viva und dann ging´s los...

Zu Gast bei Viva: Hella von Sinnen

Montag, Mittwoch, Freitag

Glückliche Erinnerungen von Viva-Radakteurin Anja Lenzhölzer

Wie der Sohn einer Metzgerfamilie dazu kommt, eine Metzgerlehre zu machen, scheint plausibel.
Warum der Metzgergeselle dann Jura studiert, und der Jurastudent beginnt, Musik zu machen, blieb weitestgehend im Verborgenen.
Wie der Musikproduzent dann zu Viva kam, wurde von den Medien ausgiebig verbreitet.
Eigentlich hatte sich Stefan Raab einen Termin beim damaligen Viva-Programmdirektor geben lassen, um seine Jingles an den Mann zu bringen. Und tatsächlich: Die Erkennungsmelodie von Vivasion stammte aus Raabs Feder (di-del-di-del-di-dab-dab) – und das Gesicht vor der Kamera lieferte er gleich mit. Endlich hatte Viva sein „enfant terrible" gefunden, setzte den Newcomer zum Sendestart im Dezember 1993 in ein kleines dunkles Studio – es gab nur eins für alle Viva-Sendungen – und ließ ihn machen.
Die ersten „Shows" wurden mit wenig spektakulären Gästen bestritten: Zunächst einmal wurde mit frischgebackenen Kollegen wie Heike Makatsch, Axel Terporten oder Nils Bokelberg das Fernsehenmachen geübt. Wenn mal ein Gast ausfiel – wurde im Zweifel auch der Pförtner geladen.
In der Improvisation und Spontanität lag schon damals die grosse Stärke des jungen Raab. Daran änderte sich auch in den folgenden Jahren nichts. Stefans Devise lautete immer:
Bloß keine Vorbereitung auf die Gäste (wie praktisch für die Redaktion)!!! So konnte eine Sendung mit einem No-Name ebenso unterhaltsam werden wie mit einem Superstar.

Der große Durchbruch dürfte einer brillianten Idee von Stefan im Sommer 1994 zu verdanken sein: In Chicago tobt die Fußball-Weltmeisterschaft, die Kicker-Nation sitzt vor der Glotze, und während die großen Sender ihre Zuschauer in den Halbzeitpausen mit spröden Stellungnahmen der Fußball-Funktionäre langweilen, sendet Viva eine „Live-Schaltung" zu Raab. Er beglückt das hungrige Jungvolk mit Reportagen und Interviews aus dem Trainingslager. Unerschrocken heftete sich Stefan an die Fersen von Beckenbauer, Matthäus und Co. Für die kleine Redaktion bedeutete das damals großen Stress, aber es hat sich gelohnt: Nicht nur für eingefleischte Fußballfans wurde Raab zu einem Begriff, zu dieser Zeit entstand auch Stefans erster großer Hit: „Böörti Böörti Vogts".

Im Laufe der Zeit bekam Stefan nicht nur ein eigenes, schöneres Studio in Köln-Ossendorf, auch er selbst legte optisch „einen Zahn zu", was vor allem die weiblichen Zuschauer – sofern sie keine Kelly-Fans waren – würdigten. Nicht unbedingt schöner – aber prominenter wurden auch Stefans Studiogäste (man denke an die fabulösen Jacob Sisters mit ihren rotäugigen Pudeln!). Doch egal wer kam, bei Raab wurden alle gleich behandelt: Jeder musste auf Stefans original Kinderstuhl Platz nehmen und befand sich somit auf Brusthöhe des Gastgebers, der auf seinem Chefsessel thronte. Besonders gewichtigen Gästen hielt das zarte Stühlchen nicht immer Stand. Hans Meiser brachte es als erster zum Zusammenbruch, doch der unermüdliche Deko-Kollege Ulli – eingefleischten Fans auch als „Ullei aus Amerika" bekannt – flickte das gute Stück immer wieder zusammen. Ein einfaches, aber wirkungsvolles Gimmick, neben der lästigen Trockenhaube, die jedem Gast übergestülpt wurde, war das Furzkissen! Nahm der Gast Platz so gab das Kissen, verborgen unter grün-gelbem Prilblümchen-Tuch, das charakteristische Geräusch von sich... so schön kann das Leben sein!

Nicht zu vergessen

sei natürlich der Zuschauer der Woche.
Eine unergründliche Spezies aus den Reihen der Zuschauer, die während der Sendung auf einem Kissen knieten und den Kopf durch ein Loch in der hinteren Studiowand steckten. Bequem war das nicht und die Tortur dauerte einige Stunden, eben bis die drei Aufzeichnungen im Kasten waren (Montag, Mittwoch, Freitag!). In den letzten Jahren von Vivasion hatte es der sogenannte „ZdW" dann etwas angenehmer: Er wurde unter einen Tisch in einem ausrangierten Autositz platziert, während – nur oben sichtbar – der Kopf als appetitlich dekorierte Mahlzeit zu sehen war.
Und immer wieder überraschte Raab mit seinen musikalischen Kapriolen, die mitunter auch in der Viva-Redaktion für seltsames Treiben sorgten: Motiviert von einem deftigen Buffet aus der Metzgerei Raab, versammelte sich eines abends die gesamte Viva-Belegschaft zur Übertragung der „Zett-De-eF-Hitparade", wo Stefan mit „Böörti Böörti Vogts" antrat. Tapfer wurde gemeinsam das etwas artfremde Musikprogramm verfolgt. Ein paar Biere senkten die Schmerzgrenze – und zur TED-Abstimmung wurden alle verfügbaren Telefone im Hause bemüht und auf Wahlwiederholung gestellt. Immerhin ging es um die Qualifikation für die Verleihung der „Goldenen Stimmgabel"! Der Erfolg war vorprogrammiert. Auch zahlreiche Raab-Fans stimmten für ihren Star. Dafür hatte Stefan im Vorfeld ordentlich die Werbetrommel gerührt.

Stefan bei einer Viva-Gastmoderation im Gespräch mit Mel B von den Spice Girls

Die Aussendrehs mit Stefan gehörten mitunter zu den besonders beliebten Jobs in der Redaktion: So ein Drehtag begann in der Regel nicht vor Mittag und meistens mit einem ausgedehnten Frühstück für das gesamte Team. Im Laufe eines solchen Drehtages wurden viele Passanten „gequält", viel gelacht und letztlich konnte man selbst nicht mehr sagen, was denn nun an „Reden ist Schweigen – Silber ist Gold" falsch sein sollte. Dabei hatten die Takes mit den leicht überrumpelten Senioren so ihren ganz besonderen Charme, ernteten Kritik. Dass Raab sogar vor größeren Kalibern nicht Halt machte, bewies er immer wieder.
Wie eine richtige Live-Sendung gemacht wird, wurde dann im Jahr 1995 geübt. „Ma´ Kuck´n" hieß das neue Baby und hier wurde nicht gekleckert: Als zweistündige Samstag-Abendshow trat das Programm einmal im Monat gegen die Prime-Time-Konkurrenz an. Den Gästen erging es zumindest physiologisch besser als denen bei Vivasion: Kein Kinderstuhl, kein Furzkissen, keine Trockenhaube. Sie durften auf jenen Plastiktieren sitzen, die zur Kinderbelustigung an Supermarkt-Eingängen aufgestellt werden und nach Einwurf einiger Groschen so wunderbar wackeln. Eines davon war Moby Dick – der Walfisch. Auf eben diesem wurde Hella von Sinnen positioniert und stellte als erste die Vorzüge dieser Sitzmöbel heraus („Uh Ah Uh Ah!"): Schade nur, dass sie den Einsatz der rhythmischen Bewegungen nicht selbst in der Hand hatte. Hier saß Stefan am Drücker. Arabella Kiesbauer gab sich wie immer etwas hibbelig und brachte sich samt Krokodil zu Fall.

Überhaupt hat „Ma Kuck´n" so einiges losgetreten: Gotthilf „Ecstasy" Fischer und Jürgen „The Chip" Möllemann starteten hier ihre jugendorientierten Promo-Feldzüge. Dieter Bohlen traf auf Verona Feldbusch, die damals außer ihren irdischen Vorzügen noch nicht mehr zu bieten hatte als eine zu Recht kaum gespielte Platte.

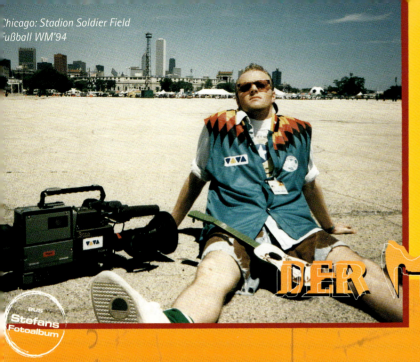

Chicago: Stadion Soldier Field
Fußball WM'94

aus Stefans Fotoalbum

DER MIT DER MAUS TANZT

Nichts und niemand war vor ihm sicher.
1994 spendierte Viva dem Frechling Raab sogar ein teures Flugticket in die USA. Als ob er zuhause nicht schon genug angestellt hätte, verfolgte er bei der Fußballweltmeisterschaft die Spieler, lauerte Kommentatoren auf und traf auf den Bundesberti Vogts. Für Stefan war es Liebe auf den ersten Blick und musikalische Inspiration zugleich. Und für Berti? Nun ja, wie es halt so ist, wenn man von Stefan besungen und auch noch der eigene Name verhunzt wird. Aus Berti wurde „Böörti Böörti Vogts" und das ganze landete in den deutschen Top Five. Nach den Charts entweihte Stefan die alterwürdige ZDF-Hitparade. Moderator Uwe Hübner hatte sich lange gewehrt. Keine Chance – er musste den Dauergrinser einladen.

Und der zeigte dort sein wahres Gesicht.
Er fesselte Hübner mit Handschellen an sich und übernahm die Moderation. Das also macht das Fernsehen aus einem vielversprechenden jungen Mann: einen Bekloppten, der 1995 mit sich selbst eine Band gründete und diese in einem seltenen Moment der Selbsterkenntnis „Stefan Raab und die Bekloppten" nannte. Handschellen-Hübner war glücklich befreit, da fiel Stefan über das deutsche Liedgut her.

Mit dem Rapper und Mädchenmillionär
Bürger Lars Dietrich und Schlager-Onkel Jürgen Drews machte er aus dem Klassiker „Ein Bett im Kornfeld" eine Funky-Version. Dann drohte er „Ich mache nur noch Volksmusik". Tat er aber nicht. War gelogen. Aber das wusste ja zu dem Zeitpunkt noch keiner. Erfolgreich war er trotzdem – die Leute kauften das Zeug und beide Titel platzierten sich in den deutschen Charts ganz vorn. Als Sieger der Jahreshitparade wurde er auch zur Verleihung der Goldenen Stimmgabel eingeladen.

*Videodreh zu „Sexy Eis",
Miami Beach*

DER MIT DER MAUS TANZT

Das ZDF traute sich was. Gab Uwe Hübner frei und ließ Heck ran. Dieter Thomas ließ Stefan keine Volksmusik machen, sondern zwang ihn, den Titel „Ihre Füße" zu singen. Nicht weil ihm der Song so gut gefiel, sondern um die Ohren der Volksmusikanten zu schonen. Gut ausgedacht, klappte aber nicht. Stefan hielt bei seinem Playback-Auftritt einfach den Mund! Skandal!! „Ich oute mich als einziger deutscher Sänger, der singen kann, ohne die Lippen zu bewegen," erklärte Raab seine eigenwillige Performance. Mag ja sein, aber Heck fand es gar nicht komisch. Für diesen Auftritt gab´s vom ZDF keine Gage. Vielleicht hätte Stefan doch besser Metzger bleiben sollen. Für Würstchen gibt´s immer Geld.

Dann kam die Maus.
Weil der Nager so possierlich ist und außerdem Geburtstag hatte, komponierte Stefan für ihn ein Lied: „Hier kommt die Maus". Eigentlich kann Raab nämlich auch ganz nett sein. Die Maus tummelte sich in den Charts. Und wie Mäuse so sind, wurden es schnell mehr – bis es schließlich 250.000 waren und es dafür eine Goldene Schallplatte gab.
Im gleichen Jahr, 1996, machten sich Raab und Bürger Lars über „Dicke Dinger" her. So hieß das Album von Lars, dass Stefan produziert hat. Zur Single „Sexy Eis" gab es einen Videodreh in Miami Beach.

FACTS – LYRICS & CO:
HIER KOMMT DIE MAUS!

Ich erzähl' Euch die Geschichte von einer, die Ihr kennt.
Sie lebt in der Glotze auf weißem Pergament.
Sie ist orange und größer als ein kleiner Elefant,
und schon das ganz allein macht die Sache interessant.
Habt Ihr sie erkannt, wisst Ihr, wen ich meine?
Lang ist die Nase, und kurz sind die Beine.
Sie ist ein Star, sie hat den Bogen raus.
MEINE DAMEN UND HERREN, HIER KOMMT DIE MAUS!

Sie weiß Bescheid, die Maus, die kleine süße Maus!
Wie kommt der Saft in die Tüte, und wie kommt er wieder raus?
Warum hat der Käse Löcher und der Käsekuchen nicht?
Und warum brennt auch nachts im Kühlschrank das Licht?
Wie kommt die Wurst in die Pelle, und wo kommt die Pelle her?
Und warum mag die kleine Maus den Elefanten so sehr?
Die Antwort bekommst Du direkt zu Dir nach Haus:

MACH DIE GLOTZE AN, DENN HIER KOMMT DIE MAUS!

Hey, hier kommt die Maus, hier kommt die Maus
Hey, hier kommt die Maus, hier kommt die Maus
Hey, hier kommt die Maus, hier kommt die Maus
Hier, hier kommt die Maus, hier hier kommt die Maus

Hey Ihr werdet es nicht glauben, doch ich habe es geseh'n,
wie die Maus und ihr Freunde sich im Kreis dreh'n.
Käpt'n Blaubär steht am Mikrophon, die Maus bläst den Kamm,
der Elefant tütet mit dem Rüssel wie er kann.
Dann tobt die ganze Bude, alle hüpfen in die Höh',
der Maulwurf, der Eisbär und rufen laut okay,
Hein Blöd auf der Bühne bittet um Applaus.

MEINE DAMEN UND HERREN: HIER KOMMT DIE MAUS!

Hey, hier kommt die Maus, hier kommt die Maus
Hey, hier kommt die Maus, hier kommt die Maus
Hey, hier kommt die Maus, hier kommt die Maus
Hier, hier kommt die Maus, hier hier kommt die Maus

Schmeiß der Fernseh an: hier kommt die Maus!
Schmeiß der Fernseh an: hier kommt die Maus!
Schmeiß der Fernseh an: hier kommt die Maus!
Schmeiß der Fernseh an: hier kommt die Maus!

HIER HIER HIER KOMMT DIE MAUS!

Die Party geht ab, alle wirken wie verrückt.
Hein Blöd, Käpt'n Blaubär und die Anderen sind entzückt.
Die Maus nagt zufrieden an einem Stückchen Käse,
Hein Blöd und die Jungs machen eine Polonäse.
Die kleine gelbe Ente watschelt lustig durch den Saal,
von vorne nach hinten und das ganze noch einmal.
Der Elefant tütet noch mal einen aus dem Rüssel raus.

DANKESCHÖN: HIER KOMMT DIE MAUS!

Hey, hier kommt die Maus, hier kommt die Maus
Hey, hier kommt die Maus, hier kommt die Maus
Hey, hier kommt die Maus, hier kommt die Maus
Hier hier kommt die Maus, hier, hier kommt die Maus

facts – Lyrics & Co:
Schlimmer Finger

Es war ein Tag wie jeder andere,
als ich locker-flockig um die Ecke wanderte
und in dem Café, in das ich gerne geh,
ob ich sitze oder steh', dann letztendlich auch landete.
O.K. – Tee für mich,
sagte ich zum Ober und er sputetete sich,
da sah ich in der Ecke eine zuckersüße Schnecke,
und ich schaute zu ihr hin, doch sie schaute an die Decke.
Eins, zwei, ich ging zu ihr hin,
was ich sonst nicht gerne tue, weil ich ja so schüchtern bin!
Ring, ding, dong!
Guten Tag, haben Sie was dagegen,
daß ich Sie so gerne mag?
Sie sagte: Kleiner setzen,
verstehst Du Spaß?
Ich konnte gerade nicken,
und da gab sie auch schon Gas.
Sie öffnete die Bluse und sagte:
Ich heiße Suse.
Ich sagte: Ich bin Raab und ich glaub
ich hau jetzt ab!
Na dann, gute Nacht, dachte ich,
denn sie machte sich noch freier.
Splittititerfasernackt,
nackt ausgepackt und sie ging mir
an die (*biep*)
Chorus:
Sie ist ein schlimmer Finger, ein süßer
wüster Feger,
sie ist ein wildes Ding!
Sie ist sexy, putzig, süß und
auch mal schmutzig.
Sie ist ein wildes Ding.
Na gut, sie ist ein wildes Ding,
dass wilde Dinger wilde Dinger haben
ist nicht schlimm.
Da kann sie nichts dafür, denn das kommt von der Nature.
Och schon fünf Uhr – oh lala ich muß gehen, sagte ich zu ihr,
doch sie wollte was von mir.
Ich sagte: Nein, ich gehe jetzt, ich bleibe nicht mehr hier!
Da sagte sie zu mir: Dann gehen wir halt zu Dir!

Dann konnt ich nichts mehr machen, und dann war ich halt dafür.
Und dann fing sie auch gleich an,
sie nahm meinen (*biep*), und sie (*biep*) direkt daran,
sie (*biep*) und sie (*biep*) und das gar nicht mal so schlecht,
doch dass sie (*biep*) wollte, war mir nicht so recht.
Ich sagte zu ihr (*biep*), Paß mal auf, wenn ich (*biep*)
dann (*biep*) und Du gefälligst auch!
Ich (*biep*) nur so lang wie Du (*biep*) und außerdem (*biep*)

Bürger Lars und Stefan treffen Heino

aus Stefans Fotoalbum

Chorus:
Sagen wir mal so, ich bemühte mich redlich.
Irgendwie fand ich sie irgendwie niedlich, sie mich auch
– wunderbar – doch ich brauchte eine Pause, also machte ich mich rar.
Raus in den Garten ging die Reise
für ne Weile.
Ich machte mich locker,
denn ich hatte keine Eile.
Au wei, ich wollte gar nicht mehr, doch da kam sie in der Dämmerung
mir heimlich hinterher.
Sie hauchte: Hier bin ich und bringe frohe Kunde.
Holt den Gong aus meiner
Hose zum Beginn der
nächsten Runde.
Stunde um Stunde um
Stunde verging,
ich beneidete den Mond,
dass er allein da oben hing.
Sie machte, was sie wollte
mit mir bis um vier.
Sie tastete mich ab, ich kam mir vor wie ein Klavier.
Sie spielte alle meine Entchen schwimmen auf dem See
Köpfchen unters Wasser und (*biep*)
Chorus:

"Bett im Kornfeld":
...en Drews, Bürger Lars und Stefan

aus Stefans Fotoalbum

Stefan und Lars mit ihrer Band, der „Guten-A-Band" auf Tour

Die ersten Hits

1997 kam die neue CD „Schlimmer Finger", ein grooviges Soul-Funk-Gute-Laune-Album. Bei der gleichnamigen Single, auf der Stefan sich anhört wie ein verschollener Bruder der Bee Gees, hat er über pikante Textstellen gleich einen Piepton gesetzt. Überhaupt hat der Quatschkopf sich nicht nur um die Zensur seiner Titel gekümmert, sondern die Songs komponiert, getextet und produziert. Vielleicht wird ja doch noch was aus ihm. Immerhin hat er sich echt Mühe gegeben und Saxophon, Bass, Schlagzeug, Keyboards, Gitarren selbst eingespielt. Glück für den Hörer, dass er vorher schon ein paar Jahre geübt hatte.

Stefan und Lars mit Samson aus der Sesamstraße

facts – Lyrics & Co:
Es war Sommer...

Neulich auf Jamaika traf ich einen jungen Mann,
er sprach nicht meine Sprache, doch er sprach mich freundlich an.
Mit nem Joint in der Fresse und nem Wischmop im Gesicht,
das sah echt scheiße aus, doch das sagte ich ihm nicht.
Und später im Hotel, da traf ich ihn im Lift,
er furzte zur Musik und ich war sofort bekifft.
Er war zwei Meter zehn an seiner breitesten Stelle,
er machte ein Bäuerchen, und ich empfahl ihm Stille Quelle.
Auf die Schnelle dachte ich: „Bloß raus aus der Enge„.
Er war ein Angeber, und er verwies auf sein Gehänge.
Jede Menge solcher Dinge und ich dachte mir: „Von wegen!„,
doch was ich später sehen mußte, machte mich verlegen.
Denn zwei Stunden später dann traf ich ihn am Strand,
er hatte nicht gelogen, und er schleifte etwas durch den Sand.
Gespannt schauten alle hinterher,
und als er sich verheddertete, wetterteete er.

Es war Sommer – und er war sauer,
obwohl es Sommer war,
warum denn sauer sein?
Es war Sommer – und er war sauer,
obwohl es Sommer war,
warum denn sauer sein?
Es war Sommer – und bei uns war
Winter – obwohl es Sommer war.
Ich dachte mir: „Trost tut gut„
– ungelogen,
denn er hatte seine Rasterlatte
ordentlich verbogen.
Jetzt sagen Sie wahrscheinlich,
das ist doch nur Klischee,
nee – er zog mich zu sich ran
und sagte....
Alle Mädels, die da waren,
waren da und waren spitz,
er hing in seiner Hängematte und
erzählte folgenden Witz....
Tja, keiner lachte, doch er dachte,
alle lachten,
alle lachten aber nicht, aber alle dachten sich,
dass er dachte, alle lachten, aber alle dachten: „Laber nicht„,
aber nicht er, denn er dachte, alle lachten.
Es war Sommer – und er war sauer,
obwohl es Sommer war, warum denn sauer sein?
Es war Sommer – und er war sauer,
obwohl es Sommer war, warum denn sauer sein?
Es war Sommer – und bei uns war Winter – obwohl es Sommer war.
Er hatte eine Testbildmütze und Badeschlappen an.

Er war bekannt als der Rastermattenbadeschlappenmann,
und er meinte, alle Mädels kämen nur wegen ihm,
doch sie wollten nur mal kucken und mal kurz an seinem Ding drehen.
Wie unangenehm, dann erzählte er noch, wer er war....
War er aber nicht, und da ärgerte er sich.
Es war Sommer – und er war sauer,
obwohl es Sommer war, warum denn sauer sein?
Es war Sommer – und er war sauer,
obwohl es Sommer war, warum denn sauer sein?
Es war Sommer –
und bei uns war Winter,
obwohl es Sommer war
Es war Sommer –
und bei uns war Winter,
obwohl es Sommer war,
warum denn sauer sein?
Es war Sommer –
und bei uns war natürlich Winter,
obwohl es Sommer war.
Komisch !

aus Stefans Fotoalbum

Die ersten Hits

Bürger Lars Dietrich über Stefan Raab:
FÜR MICH IST STEFAN RAAB EINER DER ERSTEN MENSCHEN.

Ich meine, einer der ersten Menschen, die ich bei einem meiner Fernsehauftritte in ihrer eigenen Sendung begrüßen durfte.
Es war 1994 und ich war gerade im Begriff, meine erste Schallplatte „Mädchenmillionär" zu bewerben. Ich hatte Stefan vorher noch nie kennen gelernt und wusste damals noch nicht, dass ich etwa ein Jahr später gemeinsam mit ihm und Jürgen Drews „Ein Bett im Kornfeld" singen würde.
Bei unserem ersten Zusammentreffen stellte sich schnell heraus, dass Stefan meine Schwäche für Black Music und deutschen Schlager teilte.
Schlecht singen konnte ich schon immer gut und somit erklärte Stefan sich bereit, mein zweites Album zu produzieren. Beim Dreh des Videoclips „Sexy Eis" sorgten wir nicht nur am Drehort in Miami Beach für Aufsehen.
Aufgrund von Beziehungen gelang es uns, in einem der angesagtesten Clubs von Miami Beach zu rocken.

Ein kurzes „Vorstellungsgespräch" bei der Clubleitung und am nächsten Tag waren tausende von Flyern gedruckt, die zu diesem dort exotischen Spektakel einluden und schon in den frühen Morgenstunden am sonnigen Beach von Miami verteilt wurden.
Das war eine tolle Sache, denn nicht nur unser zum Teil dort lebender Musikerfreund, Frank Farian, gab seinen legendären Gehörgängen die kunstkennerische Ehre, sondern auch ein ganzer Club amerikanischer Touristen, die ohne Anweisung wie aus einem Halse grölten: „Hier kommt die Maus."

BEI ANRUF HASE:

Was ist Stefan nicht alles: Beinahe-Anwalt, richtiger Metzger, Musiker und TV-Quatschmacher. Jetzt fehlte in seiner Berufesammlung noch der Radiomoderator. Also, auf zu EinsLive und ran ans Mikro. Zwei Stunden „Raabio" mit Musik, Gästen zum Quatschen und Quatschmachen – und das alles live. Trotz gescheiterter Uni-Karriere wurde aus Stefan Professor Hase. Der machte Telefonsprechstunden ganz besonderer Art. Telefonbuch aufgeschlagen, mit dem „schlimmen Finger" eine Nummer herausgesucht, angerufen und veräppelt. Freundliche Servicemitarbeiter brachte er an den Rand der Verzweiflung und weiter. Mal wollte er von Düsseldorf nach Mettmann fliegen, dann fror beim Abtauen eines Kühlschranks seine Zunge am Gefrierfach fest und schließlich hatte er ein „Zäpfchenproblem".

„Guten Tag. Meine Frau hat mir Zäpfchen gekauft. Ich hab die jetzt eingeführt und jetzt brennt das so."
„Welche Zäpfchen sind das denn?"
„Wick Blau steht da drauf."
„Das sind keine Zäpfchen, das sind Hustenbonbons."
„Ach so. Und was mach ich jetzt?"
„Sie können eine Darmspülung machen."
„Wie Darmspülung? Wo mach ich die denn?"
„Die können Sie überall im Haus machen."
„Dann geh ich jetzt ins Badezimmer. Ich hab außerdem immer so ein Aufstoßen.
Kann das auch davon sein?"
„Nein, bestimmt nicht."
„Oh, dann hab ich vermutlich das Zäpfchen gegessen."

HINTER DEN KULISSEN VON TV-TOTAL

Stefan und Executive Producer Martin Keß

In jeder TV total-Folge steckt eine Menge **Arbeit und Engagement.** Und mindestens ebensoviel Spaß. In den Tagen vor der Sendung laufen in der Redaktion **Fernseher und Videorecorder** heiß. Gucken Studenten stundenlang in die Röhre. **Bastelt Stefan** mit seinem Chefautor und weiteren Schreibern **an Gags**. Wird in Konferenzen abgelacht, werden skurrile Szenen angesehen, **diskutiert und entschieden**, wer kommt als Gast ins Studio, wer ist nur in Ausschnitten zu sehen. **Und dann ist es so weit.**

HINTER DEN KULISSEN VON TV-TOTAL

Ein Protokoll von Stefans Pressereferentin Kerstin Daniel

KLAPPE, DIE ERSTE:

Montagmittag: Arbeitsbeginn für Stefan Raab. Mit der Ukulele in der einen und einer großen Tasche in der anderen Hand, kommt der Moderator gemütlich um die Ecke. „Tach, allerseits." Der erste Weg führt in die Garderobe. Salzstangen, Mettbrötchen, Gummibärchen und Schokoriegel – alles, was ein Raab braucht, steht bereit. Die Sporttasche fliegt mit Schwung in die Ecke. Die Jacke landet auf dem Sofa, die Sporttasche direkt daneben.

Techniker werkeln schon seit dem frühen Morgen im Studio, richten Scheinwerfer ein, damit sie Raab später ins rechte Licht rücken können.
Stefan ist kein Freund vieler Proben, lieber verlässt er sich auf seine Spontanität. Gelächter in Raabs Raum. Jens Bujar, Chefautor von TV total, und Produzent Martin Keß gehen mit Stefan noch einmal einige Gags durch. Was in die Sendung kommt, entscheidet letztendlich Raab. „Ich muss ja schließlich meinen Kopf dafür in die Kamera halten," erklärt Stefan. „Wie findet Ihr das?" Der Moderator greift zu seiner Ukulele und fängt an zu zupfen. „Ich könnte ja auch ein Lied dazu singen." Jens bremst: „Lass uns erst mal sehen, was die Generalprobe bringt. Außerdem haben wir gleich noch einen Außendreh – eine Straßenumfrage." Okay, Raab fügt sich erst mal.

KLAPPE, DIE ZWEITE

Raab steht auf der Straße vor dem Fernsehstudio. Heute überprüft er einen total unkomischen Witz aus der Sendung „Herzblatt". Er will wissen, wieso die Leute dennoch gelacht haben. Mal sehen, was die Kölner dazu sagen.
Mitten in der Innenstadt ist um diese Zeit der Teufel los. Die Jagd beginnt. Mit dem Mikro in der Hand und seinem Kamerateam im Schlepptau, pirscht er sich an eilige Fußgänger heran. Viele erkennen ihn sofort, fangen an zu lachen oder rufen „Hey, Stefan mach doch mal was Lustiges." Andere sehen ihn, wechseln die Straßenseite oder tun so, als ob sie ihn gar nicht bemerkt haben. Raab nimmt einen Mann ins Visier. Als er Stefan erkennt, ist es schon zu spät. Unsicher schaut der Fußgänger jetzt auf das Mikro direkt unter seiner Nase. Stefan redet drauf los: „Also, ich hab da einen Witz gehört: „Besonders beliebt in Bayern: Eier im Glas." „Ja, und?" Dem Mann ist eindeutig anzusehen, dass er Raab für einen absoluten Volltrottel hält. Stefan lacht und sucht schon den nächsten Kandidaten. Ein paar Teenager und eine Hausfrau später sieht er zwei Damen an der Straßenbahnhaltestelle. Sie grinsen Raab an, er grinst zurück.
Die beiden sind nicht nur fröhlich, sondern richtig schlagfertig. „Junger Mann, kennen Sie keinen besseren Witz? Sie sind doch sonst immer so lustig."
„Cool, die beiden, oder?" ruft Raab seinem Team zu.
Zwanzig Minuten später geht's zurück ins Studio.
Im Regieraum sitzt Stefan vor einem großen Pult, blickt auf eine Reihe Bildschirme und sucht mit Pia, der Redaktionsleiterin, und Martin Keß die besten Antworten der Umfrage heraus. Die beiden pfiffigen Ladies sind natürlich dabei. Raab und die Redaktion sind mit der Ausbeute zufrieden.
Parallel läuft bereits die erste technische Probe.
Weiß jeder Kameramann, wann er wo zu stehen hat? Wie sind das Licht und der Ton? Die Technik muss sitzen, sonst kommt die beste Sendung schlecht rüber.

KLAPPE, DIE DRITTE:

Die ersten Nominierten für den Raab der Woche treffen ein. Bei den meisten sind Bruder, Schwester oder Freunde als Verstärkung mitgekommen. So wird's in den eher kleinen Räumen des Theaters richtig eng. Jeder für den „Raab der Woche" nominierte Gast hat einen Redakteur als Ansprechpartner. Der kann mit Fragen rund um den Ablauf der Sendung gelöchert werden. „Wann kommt denn Stefan?", wollen natürlich alle wissen. Der lässt nicht lange auf sich warten.
Raab taucht nach wenigen Minuten auf, macht halt, begrüßt jeden und wechselt ein paar Worte. Viel Zeit bleibt nicht, denn die Generalprobe drängt.
„Der ist ja echt nett und ganz normal," stellen die Gäste gleichermaßen erleichtert und zufrieden fest. Die Aufregung vor dem Auftritt ist jetzt nicht mehr ganz so groß.
Echt nett, aber vielleicht nicht ganz so normal, sind die heutigen Promi-Gäste: Knorkator.
Sie bekommen einen Ehren-Raab überreicht: Die drei haben die Grand-Prix-Vorentscheidung in Bremen mit ihrer eigenwilligen Bühnenshow so richtig aufgemischt. Dabei sind sie völlig harmlos. Die lieben Flokati-Rocker aus Berlin zertrümmern zwar gerne bei ihren Auftritten Musikinstrumente. Aber Raab sind sie wohlgesonnen – Raab ist also nicht in Gefahr.
Ein großes Hallo als Alf Ator, Stumpen und Buzz Dee eintreffen. „Superklasse, dass ihr da seid," freut sich Stefan und grinst von einem Ohr zum anderen. Noch sehen Buzz Dee, Stumpen und Alf Ator recht unauffällig aus, aber sie haben ihr wunderschönes Fell-Outfit mitgebracht. Raab erzählt kurz, was die drei in seiner Sendung erwartet. „Aber ihr lasst meine Bühnen-Deko stehen, oder?" fragt Stefan mal unverbindlich nach. „Die Axt liegt zu Hause", versichern sie. Stefan Raab atmet auf.

Knorkator zu Gast bei TV total

KLAPPE, DIE VIERTE:

„Stefan zur Generalprobe", ruft der Produktionsleiter Ralf Schlichthaber „Ich komme gleich," erwidert Raab. Stefan lässt sich nicht drängen. Ein letztes Wort zu Knorkator, ein kurzer Gang in die kleine Küche, Kühlschrank auf, Cola raus, jetzt geht's los. Ins Fernsehstudio. Treppe rauf, durch's Treppenhaus, dann durch einen schmalen Gang an der Seite des Fernsehstudios wieder runter, hinter die Kulisse. Dort angekommen erwartet ihn schon der Tontechniker, um Mikro und Sender an Stefans Hemd und Hose zu befestigen.

Die Scheinwerfer sind eingerichtet, die Kameramänner und -frauen sind in Position. Raab ist konzentriert und zugleich völlig gelassen. Da steht er nun: weite Hose, T-Shirt, Hemd und Turnschuhe, Cola in der Hand. Chefautor Jens Bujar hält hinter einer Kamera große Papp-Schilder mit Stichworten hoch, für den TV-Zuschauer natürlich unsichtbar. Das Ganze dient Raab als Leitfaden für seine Moderation. Viele Kollegen arbeiten mit dem sogenannten Teleprompter: einem Bildschirm, auf dem der zu sprechende Text Wort für Wort abläuft. „Ist mir viel zu steif und zu unkreativ. Ich muss das sagen können, was mir gerade einfällt" so Stefan.

Natürlich sind die Zuspielfilme und Raabs Kommentare den meisten Mitarbeitern bereits durch ihre Vorbereitung auf die Sendung vertraut. Gelächter und Szenenapplaus gibt es aber trotzdem.
Stefan probt nicht alles bis ins kleinste Detail. Ihm ist es wichtig, den Ablauf zu kennen.
Was er dann zu den Gästen oder zu den Filmbeiträgen sagen wird, ist nur zum Teil abgesprochen. Vor Überraschungen ist man bei Stefan nie sicher.

Routiniert moderiert er seine Filme an, begrüßt den ersten Gast, der in der Generalprobe von einem Double vertreten wird. Die „richtigen" Gäste treten erst in der Sendung vor die Kamera.
Eine kleine Pause entsteht, bis ein neuer Ausschnitt eingespielt werden kann.
Stefan nutzt die Zeit auf seine Weise.
„Ich habe einen neuen Filmschnipsel auf meinem Nippel, wollt ihr mal sehen?", lacht er. „Nippel" sind die kleinen Druckknöpfe auf seinem Schreibtisch. Hinter jedem Knopf verbirgt sich ein absolut schräger Mini-Filmausschnitt. Unabhängig von der Regie kann Raab jederzeit diese Schnipsel den Zuschauern präsentieren.
Seine neueste Errungenschaft: Ein intimes Statement von Modemacher Wolfgang Joop. Stefan setzt sich an seinen Schreibtisch und eine Sekunde später tönt Joop: „Die alte Sau." Großes Gelächter im Fernsehstudio. Raab freut sich. Eine Ansage aus der Regie unterbricht die allgemeine Heiterkeit: „Es kann weiter gehen. Die Schocker der Woche". Gestöhne im Studio. Jetzt kommen fiese und eklige Ausschnitte. Kaum zu glauben, dass die tatsächlich alle schon einmal irgendwo gelaufen sind. Stefan moderiert an und schaut nur ab und an auf den Monitor, auf dem der Film zu sehen ist. Lieber studiert Stefan die Mienen seiner Mitarbeiter. Er amüsiert sich köstlich über die verzogenen Gesichter oder die, die gar nicht mehr hinsehen mögen. „Ihr seid echte Weicheier!"
Pause. Eine Kamerafahrt wird getestet. Es herrscht Ruhe im Studio – aber nur für kurze Zeit, denn Stefan probiert mal den „Pulleralarm" aus. Eine ohrenbetäubende Sirene! „Aha, klappt gut," lächelt der Moderator süffisant.
Vierzig Minuten später ist die Probe beendet, Stefan verlässt das Studio und läuft zurück in die Redaktionsräume. Das Publikum sammelt sich im Foyer des Theaters. Bei Raab ist keine Spur von Nervosität zu bemerken. „Haben wir noch Brötchen? Ich muss unbedingt noch was essen!", fragt er in

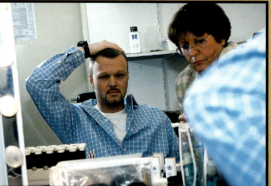

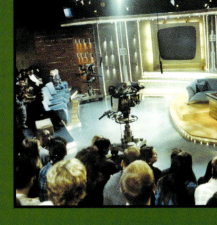

die Runde. So viel Zeit muss sein. „Stefan in die Maske," sagt der Produktionsleiter an. „Bloß nicht so viel von dem Zeug ins Gesicht," bittet Raab die Maskenbildnerin, nachdem er im Schminkstuhl Platz genommen hat. Dauer: Zehn Minuten. Jetzt noch schnell zum Kostüm. Raab verschwindet in einem Zimmer voller Kleidungsstücke. Hier trifft er Knorkator wieder, die sich gerade in ihre Fellkostüm werfen. Großes Gelächter. Als Raab wohlbehalten wieder raus kommt, sieht er eigentlich genau so aus wie vorher: Schlabberhose, T-Shirt, Hemd und Turnschuhe – alles wie gehabt. Nur das Hemd hat seine Farbe gewechselt. Man kann das Logo einer bekannten Bekleidungsfirma auf dem T-Shirt unter dem Hemd erahnen. „Stefan, ich glaube, du solltest ein anderes Hemd anziehen. Man kann den Schriftzug lesen," berät ihn die Kostümbildnerin. „Nö. Ist schon in Ordnung. Fällt doch überhaupt nicht auf," beschwichtigt Stefan. Widerspruch ist zwecklos, Stefan zieht immer nur das an, was ihm gefällt.

KLAPPE DIE FÜNFTE:

Das Publikum wird bereits ins Studio eingelassen. Die Stimmung ist gut, einige der Zuschauer haben selbstgebastelte Pfui- und Respekt-Kellen dabei. Das Theater am Rudolfplatz ist bis zum letzten Platz gefüllt. Um die Wartezeit zu versüßen, werden kurze Einspielfilme aus vergangenen Sendungen gezeigt. Stefan bei McDonalds oder auf einer Hochzeitsmesse aus der Rubrik „Raab in Gefahr".

KLAPPE, DIE SECHSTE:

Jens Bujar kommt hinter den Kulissen hervor, mit dem Mikro in der Hand. „Stellen Sie sich vor, ich wäre jetzt Stefan," ruft er den Leuten zu. Die TV total-Fans klatschen und pfeifen, was das Zeug hält. Den lauten Applaus braucht man für die Feinabstimmung in der Tonregie. Klassische Anheizer braucht TV total nicht. Die Stimmung ist ohnehin gut. Jens erklärt noch einige Details zum Ablauf: die Sendung wird in einem Rutsch aufgezeichnet, Handys haben Sendepause. Wo sind die Notausgänge und wie funktioniert die Abstimmung über den „Raab der Woche". Inzwischen ist Stefan durch den schmalen Seiteneingang hinter die Bühne gekommen. In aller Ruhe lässt er sich mit einem Funkmikrophon verkabeln. Jens sagt ihn an und los geht's. Endlich beginnen 60 Minuten Spaß für die Zuschauer.

Der Auftritt von Knorkator ist das absolute Highlight der Sendung: Mit monstermäßigen Plateau-Schuhen stapfen Knorkator ins Studio und quetschen sich zu dritt aufs Sofa neben Stefans Schreibtisch. Als sie dann noch den Song „Words don´t come easy to me" schmachten, ist es um Stefan geschehen. Die drei bekommen nicht nur den Raab der Woche, sondern auch einen Ehrenplatz in der Gästegalerie.

DIE LETZTE KLAPPE:

Und nun? Geht Raab etwa auf die Piste? Wilde Partys hinter den Kulissen? Weit gefehlt! Raab geht von der Bühne wie er gekommen ist: Gut gelaunt und entspannt. Der erste Weg führt ihn in die Maske – schnell abschminken. Ein letztes Gespräch mit seinen Gästen, ein Bier mit Knorkator, bevor diese wieder nach Berlin reisen. Für Stefan ist der Arbeitstag fast zu Ende. Er packt seine Sachen wieder in die große Sporttasche – die Ukulele vorsichtig obenauf. Die Baseballkappe tief im Gesicht ruft er einmal in die Runde „Tschö" und macht sich auf den Weg zur Produktionsfirma Brainpool TV AG. Dort kümmert er sich noch persönlich um den Schnitt. Meistens ist die Sendung etwas zu lang, so dass Produzent Martin Keß und Stefan die Qual der Wahl haben. Welcher Gag fliegt raus? Wenig später versammel sich die TV total-Redaktion und ihr Moderator vor dem Fernseher und sehen sich erst ein Fußballspiel an und dann natürlich die eigene, gerade frisch produzierte Sendung.

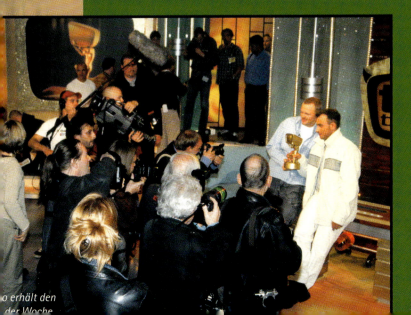

o erhält den
der Woche

Ein Tatsachenbericht von TV total-Autor Christoph Schulte-Richtering

Jeder vernünftige Mensch geht am Montagabend um 23:15 ins Bett. Dann hat man bei TV total ordentlich abgelacht. Doch was bei Stefan auf der Bühne so locker wirkt, ist das Ergebnis harter Arbeit.

Montagmorgen, 4:30 Uhr.

Per Zeitschaltuhr springen im Redaktionsschlafsaal von TV total alle Fernseher gleichzeitig in voller Lautstärke an. Adrian Stumpf, Mitarbeiter der erfolgreichen ProSieben Comedy-Show, liegt neben seinen 20 Kollegen und hat den Kopfhörer über Nacht gleich aufgelassen. Hochmotiviert setzt sich Adrian sofort vor den Fernseher und wartet auf einen lustigen Versprecher oder eine Panne, irgendetwas, das abends in der Sendung Verwendung finden könnte. Immerhin hatte er fast zwei Stunden Schlaf, der ihm allerdings vom Lohn abgezogen wird. „Das fällt aber kaum ins Gewicht, denn ich verdiene hier ja quasi gar nichts", erklärt Adrian milde lächelnd. Bis 9:00 guckt er jetzt das „Frühstücksfernsehen". Seine Kollegen, allesamt noch in den gelbschwarz-gestreiften TV total-Schlafanzügen, widmen sich dem „Morgenmagazin", „Volle Kanne, Susanne" oder der siebten Wiederholung von „Praxis Bülowbogen".

Punkt neun Uhr

steht Oberstleutnant Keß, der Produzent von TV total, im Raum: „Faules Packvolk!", brüllt er, „Immer nur fernsehen! Ich werde Euch helfen!" Mit einem Schlauchguss eiskalten Wassers werden die Mitarbeiter in Reih' und Glied gebracht. Chefautor Jens Bujar bekommt eine kleine Schale Hirsebrei, deren Inhalt anschließend je nach Ausbeute verfüttert wird. Pro gefundenem lustigen Fernsehausschnitt gibt es einen halben Teelöffel voll, Gagautoren bekommen als Schwerstarbeiterzulage ein Stück Würfelzucker mit einem Tropfen Maggiwürze. Das gibt prima Stimmung, so dass man bis zur Mittagspause durchhält.

In der Pause

wird gelost, wer ins Studio muss und wer Stefan abholen darf. Die vier Gewinner schnappen sich überglücklich die mit Brokat verkleidete Sänfte und trollen sich. Die andern machen sich mit je einem Videorecorder in Vorhalte im Laufschritt auf den Weg ins Studio: „Hey-ho, Captain Raab" skandiert Keß, „Du bringst mich noch bis ins Grab!" antwortet die Meute. Im Studio empfängt sie der blinde und einbeinige Regisseur Ladislaus Kiraly – ein Ungar, der aufgrund einer zwielichtigen Liebesaffäre seine Heimat bei Nacht und Nebel verlassen musste und seitdem ein verbittertes Leben im deutschen Exil führt. Die TV total-Mitarbeiter nennen ihn hinter vorgehaltener Hand nur „den Gulaschfurz vom Plattensee" – und ein Mitarbeiter, den Kiraly diesen Namen sagen hörte, galt jahrelang als vermisst, bis man seine Gebeine in einem alten Scheinwerferkasten fand. Noch heute lachen die Mitarbeiter gerne über diese Anekdote; aber nur, weil Stefan Raab es so befohlen hat.

Apropos Raab: Nachdem man mit Stahlseilen die Kulissen an ihren Platz befördert hat, nachdem man noch Stefans mundgeblasenen Schreibtisch aus genmanipulierten Edelhölzern abgeleckt hat, nachdem man per Hand geprüft hat, ob auf allen Steckdosen auch Saft ist, wird es Zeit, den Moderator zu begrüßen – die Sänfte ist da! Fähnchen mit dem aufgedruckten Antlitz des Moderators werden verteilt, der rote Teppich (vom ProSieben-Unterhaltungschef Jobst Benthues handgeknüpft) wird ausgerollt, und Chefautor Bujar befiehlt Jubel, Trubel, Heiterkeit. Die Sänftenträger freuen sich auch, denn Stefan hat in den letzten Wochen zehn Kilo zugenommen; und je mehr sie zu schleppen haben, desto größer ist für sie die Ehre. Davon kann man noch seinen Kindeskindern erzählen!

Raab, Bujar, Oberstleutnant

Keß und der Gulaschfurz vom Plattensee ziehen sich in den Blauen Salon zurück – Regiebesprechung. Da darf kein anderer dabei sein, außer sechs brasilianischen Regieassistentinnen in String-Tangas. Minütlicher Mettbrötchennachschub aus Menschenfleisch wird gebracht, aus dem Salon schallt Gelächter. Für die Mitarbeiter ist das ein gutes Zeichen. Je entspannter der Moderator ist, desto weniger Peitschenhiebe wird er im Anschluss an die Sendung verteilen.

Mittlerweile sind

mit dem Öffentlichen Personennahverkehr auch schon die nominierten Gäste angekommen, denen kurz die Show erklärt wird. „Rausgehen, Schnauze halten. Die Witze macht hier Stefan und sonst keiner. Und der Sieger gibt den ‚Raab der Woche' nachher wieder ab. Kapiert?" So locker geht's woanders nicht ab!
Das Publikum wird eingelassen. Jeder Zuschauer bekommt 100 DM – dafür müssen sie aber auch klatschen und johlen, was das Zeug hält. Der Moderator weiß davon natürlich nichts; er denkt bis heute, dass die Menschen ihn lieben!
Wie ein nervöses Rennpferd tänzelt Stefan hinter der Bühne auf und ab. Bujar hält ihm einen Lorbeerkranz über den Kopf und flüstert „Bedenke, Du bist nur ein Mensch!" „So ein Quatsch", sagt Stefan, schiebt den Chefautor beiseite und stürmt auf die Bühne.

Die Show beginnt: Die Nominierten werden vor ihrem Auftritt noch mit einem kräftigen Zug aus der Wodkaflasche gefügig gemacht, bevor sie öffentlich gedemütigt und erniedrigt werden. Das macht allen Spaß, sogar den Betroffenen selber!
Nach der Sendung ist Stefan zufrieden: Bis auf leichte Tonprobleme ist heute wieder alles glatt gegangen. Der Toningenieur wird in eine Kiste gesperrt und zuhause an Stefans Neufundländer verfüttert. Lecker!
Und auch für Adrian Stumpf neigt sich ein ereignisreicher, aber normaler Tag dem Ende zu. Heute Abend wird er noch das RTL-Nachtjournal anschauen und anschließend noch mit den Kollegen um ein Löffelchen Hirsebrei würfeln, bevor um 4:30 schon wieder die TV-Geräte anspringen. Währenddessen liegt Stefan Raab schon längst in seinem Himmelbett aus Damast und erholt sich von dem anstrengenden Tag. Schließlich muss er nächste Woche schon wieder arbeiten!

Bürgy, Dieter:

Der wichtigste Mann im Kampf gegen Lochfraß. Wie viel Mühe hat es Stefan Raab gekostet, diesen Mann in sein Studio zu locken! Gemeinsam mit den anderen Calgon-Männern aus der bekannten Waschmittelwerbung sollte Bürgy zum Treffen der Giganten in die Sendung kommen. Allesamt waren sie nominiert für den Raab der Woche (siehe: Raab der Woche). Zwei kamen, einer blieb fern. Dieter. Schriftlich ließ Bürgy mitteilen, dass er nur für eine stattliche Geldsumme bereit wäre, Raab die Ehre zu geben. So nicht, dachte Raab und ließ nichts unversucht, den kalkharten Calgon-Mann umzustimmen. Er sang „Bürgy, wo warst Du?" und lud sogar Gospelsänger ins Studio ein, um die perfekte Gospel-Musiknummer „Holy Bürgy Gospel" zu präsentieren. Es half immer noch nicht. So wusste Raab nur noch einen letzten Ausweg: die Einrichtung eines Spendenkontos, um mit einer hohen Summe Dieter zu locken. Endlich! Er beugte sich dem Druck der Masse. Als bekannt wurde, dass ER kommt, gab es kein Halten mehr. Kreischende Menschen vor dem Theater am Rudolfplatz, Bodyguards und ein Presseaufgebot, das seines gleichen sucht. Bürgy machte Raab und seine Zuschauer glücklich und bewies, dass er nicht nur gegen den Lochfraß seinen Mann steht.
Die Spendengelder sowie seine Gage gingen an einen guten Zweck.

Bremer, Heiner:

Heiner „the Nachrichten-Tiger" Bremer, cooler Newsman im deutschen Fernsehen. Er hat es Stefan richtig schwer gemacht bis er endlich das Raabigramm (siehe: Raabigramm) entgegen genommen hat. Eigentlich fing alles ganz harmlos an: Raab besuchte mit einem Kamerateam gut gelaunt und mit der Ukulele unter dem Arm das RTL-Gebäude in Köln. Doch weit kam er nicht. Nicht einmal in die Redaktion schaffte er es – bereits vorher wurde er von Sicherheitskräften abgefangen und gebeten, woanders seine Späße zu treiben. Stefan sah dafür allerdings keinen Grund – hatte er sich doch schon ein schönes

Dieter Bürgy und ProSieben-Moderatorin Susan Atwell

Raab der Woche-Träger: Dieter Bürgy und Helmut Zerlett

Das kleine tv total Nachschlagewerk

30 Fernsehprogramme – eine Fernbedienung – ein Raab: das ist TV total. Jede Woche präsentiert Entertainer Stefan Raab die witzigsten und schrägsten Highlights aus der aktuellen Fernsehwoche. Er sieht stellvertretend für den Zuschauer fern und eins ist sicher: ihm entgeht absolut nichts und niemand. Die größte Peinlichkeit und der kleinste Ausrutscher – alles findet sich bei TV total wieder. Was TV total bedeutet, welche Auswirkungen es haben kann und was es heißt, für den wichtigsten Preis in der Geschichte des Fernsehens nominiert zu sein, lässt sich leicht dem kleinen TV total-Nachschlagewerk entnehmen.

Liedchen für Heiner ausgedacht. Also, gab es einen neuen Versuch – wieder vergebens. Doch so schnell gibt Raab nicht auf. Jetzt mussten härtere Maßnahmen ergriffen werden. Im dritten Anlauf kettete sich Stefan ans RTL-Gebäude. Er erlitt Hunger und Durst, aber es half nichts. Jedoch selbst die größte körperliche Folter hielt Raab nicht ab, es wieder zu versuchen. Beim vierten Mal – endlich – erreichte er die Redaktionsräume und traf tatsächlich auf Heiner Bremer. Doch auch dieser erste Kontakt stand unter keinem guten Stern. An Raabs Kamerateam hatten sich RTL-Teams geheftet, auf der Jagd nach sensationellen Bildern. Raab sah vor lauter Kameras den Bremer kaum. Kurz vor dem Ziel trat Stefan deshalb noch einmal den Rückzug an. Aber noch am gleichen Abend, tief in der Nacht, war es dann soweit. Raab wartete Stunde um Stunde vor der Ausfahrt am RTL-Studio, um Heiner auf dem Nachhauseweg zu stoppen. Er kam, hielt tatsächlich an und Stefan sang sein Raabigramm. Ein besonderer Augenblick im Leben des Entertainers.

Musik bei TV total:

Musik ist bei TV total ein wichtiges Unterhaltungselement. Kurz bevor Stefan sich auf den Weg nach Stockholm machte, um dort zum einen Prinzessin Victoria zu heiraten und zum anderen beim Grand Prix teilzunehmen, stellte er Woche für Woche in seiner Sendung neue Songs vor, mit denen er nicht am Schlagercontest teilnehmen wollte. So gab es ein flottes Lied für Volksmusikkönig Karl Moik. Dann kam

Endlich: Das Raabigramm für Heiner Bremer

*Comedy-Allstars: (v.l.n.r.)
Jürgen von der Lippe, Helge Schneider, Olli Dittrich,
Stefan Raab, Otto Waalkes, Wigald Boning*

Knilch, The Artist formaly known as Raab, und schließlich gab es bei einem Konzert der Bloodhoundgang einen gemeinsamen Song. Raab kann auch ganz besinnlich sein. Wunderschön seine Ballade „Johnny Small", interpretiert am Flügel und angelehnt an den Klassiker Hänschen Klein. Ein absolutes Highlight: der Auftritt der Comedy Allstars. An der Gitarre Otto, am Schlagzeug Olli Dittrich, Gesang Jürgen von der Lippe, Saxophon Wigald Boning, am Klavier Helge Schneider und am Bass Stefan Raab. Live im Studio rockten die sechs ab, dass die Studiowände bebten und die Zuschauer den Saal nicht mehr verlassen wollten.
Unvergessen sind natürlich die Giga-Hits Maschen-Draht-Zaun und Ö la Palöma blanca.

*Stefan und die Wadde hadde dudde da-Band
mit Will Smith bei "Wetten, dass?"*

Nippel:

Auf dem Raabschen Schreibtisch in der Studiokulisse gibt es eine Reihe mit Hup-Tasten. Mit Hilfe dieser Tasten, auch gern Nippel genannt, kann Raab jederzeit, unabhängig von der Regie, ganz besonders schräge Fernsehschnipsel abfahren: Guido Westerwelle meint „Ich finde das unter aller Sau", Jessica Stockmann-Stich gibt eine Kostprobe ihrer angeborenen Moderationskunst, Wolfgang Petry glaubt „Da flippe ich aus" und Uli Hoeneß verschießt einen Elfmeter. Sobald Raab ein neues Opfer gefunden hat, findet es sich vielleicht als running gag auf einem Nippel wieder. Legenden per Knopfdruck.

Pulleralarm:

Ein neues Wort im deutschen Wortschatz und die wichtigste Errungenschaft der Neuzeit. Im Fernsehen gibt es immer wieder Szenen, in denen mehr oder weniger eindeutig das männliche Geschlechtsteil zu sehen oder zu erahnen ist. Präsentiert Stefan in seiner Sendung eine solche Szene, dann ist es Zeit für den Pulleralarm. Eine Sirene, einem Martinshorn gleich, schrillt durch das TV total-Studio. Raab kann diesen Alarm jederzeit von seinem Schreibtisch aus starten.

Anlass für den Pulleralarm war ein Ausschnitt aus der Sendung „Reisen mit Dubinski". Moderator Ingo Dubinski unterhielt sich mit einem Gast in freier Natur. Beide saßen auf einem Holzzaun vor einer Sauna-Hütte, nur mit einem Handtuch um die Hüften bekleidet. Beim Sprung vom Zaun entblößte Ingo seinen Puller. So etwas entgeht dem Raabschen Auge natürlich nicht. Und schon war es soweit. Raab sang ein Lied über den „Puller von Dubinski" und erfand den „Pulleralarm". Dubinski sei Dank.
„Pulleralarm" gibt es übrigens auch für Zuhause. In diesem harntreibenden PC-Spiel kann man Stefan so richtig beim pullern helfen und ihn mit dem Joystick trinken lassen bis Dr. Frost kommt. Dann ertönt der „Pulleralarm" und ab geht´s aufs Klöchen. Wenn man denn bis dahin kommt. Irgend jemand hat immer was dagegen, dass Raab pullert.

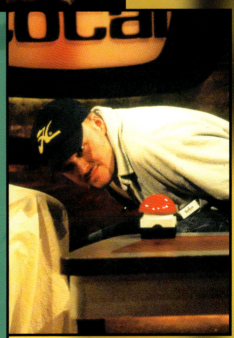

Pfuikelle (mit Extra / Gold):

Absolutes Kultobjekt. Die gelbe Pfuikelle wird von Raab immer dann eingesetzt, wenn etwas die Grenzen des guten Geschmacks überschreitet. Das können besonders eklige Szenen sein wie der Beitrag über Intim-Piercing bei einem 70jährigen Ehepaar. Oder aber auch eine unbedachte Aussage eines Studiogastes. Schließlich ist es Raabs Pflicht als

gewissenhafter Moderator, diese Übertretungen zu ahnden. Die Kelle ist fest an Raabs Schreibtisch montiert, so dass sie jederzeit einsetzbar ist. Ihre moralische und auch praktische Qualität hat sich durchgesetzt, so dass nun auch die Zuschauer im Studio schon mit selbst gebastelten Exemplaren ausgestattet sind und Stefan Raab nach Kräften unterstützen können.

Respektkelle (mein lieber / Herr Gesangsverein):

Raab rügt, Raab respektiert. Der Schreibtisch des Moderators ist eine wahre Fundgrube. Neben der Pfuikelle, ist die Respektkelle in einer Vertiefung des Tisches zu finden. Da es im deutschen Fernsehen nicht nur Dummnasen und Dumpfbacken gibt, sondern ab und an auch einmal Typen, die sich geistreich aus der Affäre gezogen haben, müssen diese seltenen Momente entsprechend gewürdigt werden.
Dann zieht Raab die Respektkelle. Für ganz besonders coole Fernsehminuten gibt es die Respektkelle mit „Respekt – mein lieber – Herr Gesangsverein."

Raab in Gefahr:

Regelmäßig begibt sich Raab in allergrößte Gefahr. Er sieht der Angst ins Auge, so dass knallharte Reportagen an ungewöhnlichen Orten entstehen. Eindrucksvoll demonstriert er wahren Mut, so gesehen bei seinem unerschrockenen Einsatz im Zirkus. Er stieg mit einem Artisten aufs Hochseil und lief über den tiefen Abgrund einfach so hinweg. Na ja, vielleicht nicht gleich und auch erst nach gutem Zureden. Einige Stunden hat diese Aktion dann schon gedauert, aber am Ende hat er es doch geschafft. Oder wer wollte schon Stefans Reportage im Kölner Zoo vergessen. Todesmutig stieg er auf ein Kamel, das diese Idee nicht ganz so toll fand. Bei seinem Versuch, Raab abzuwerfen, hatte es gleich beim ersten Mal Erfolg. Dann wagte er sich auf eine Hochzeitsmesse und entdeckte

Stefan auf der Kieler Woche

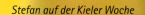

efan dreht „Raab in Gefahr" beim Zirkus Sarasani

Das kleine tv total Nachschlagewerk

Dreh bei den Marinefliegern

seine Liebe zum Hochzeitskleid. Keine Angst zeigte er auch bei der Anprobe einiger Brautkleider.
Auf einer Ausstellung der Hasenzüchter stellte Raab verblüffende Ähnlichkeit der Hasen mit ihren Besitzern fest. Diese Reportage war so gefährlich, dass das TV total-Team schon nach 15 Minuten den Drehort wieder verlassen musste. Ins Wasser ging es auf der Kieler Woche, in die Luft mit den Marinefliegern und bei den Kölner Haien vom KEC aufs Eis.
Auch im Ausland begibt sich Raab in Gefahr.
In Schweden lief Stefan als Elch verkleidet durch ein Ikea-Haus und brachte die ahnungslosen Schweden dazu, sich zu blamieren. Er animierte sie zu Brunftrufen der Elche.

Stefan mit Spielern des KEC

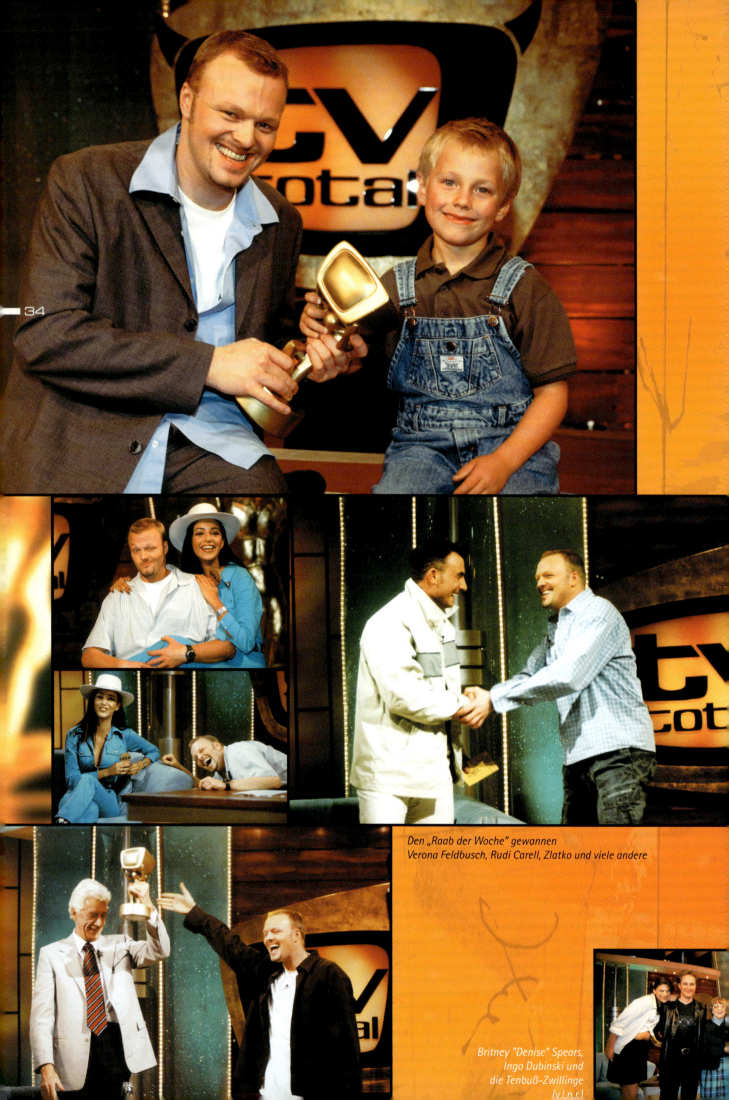

Den „Raab der Woche" gewannen
Verona Feldbusch, Rudi Carell, Zlatko und viele andere

Britney "Denise" Spears,
Ingo Dubinski und
die Tenbuß-Zwillinge
(v.l.n.r.)

Das kleine tv total Nachschlagewerk

Raab der Woche:

Jede Woche bringt drei neue Kandidaten für den wichtigsten Fernsehpreis der Welt. Sie alle haben sich durch befremdliche Aktionen, merkwürdiges Verhalten oder besondere Talente qualifiziert: Helmut Zerlett, Musiker bei Harald Schmidt, steckte seine Orgel in Brand und hielt eine Woche später die begehrte Auszeichnung in den Händen. Britney „Denise" Spears machte mit ihrem Auftritt bei Stefan die großen Erfolge von Lord of the dance und Riverdance vergessen. Eine kleine Kostprobe ihres Könnens und der goldene Raab der Woche gehörte ihr.

Übrigens, um an dieser Stelle mit einem hartnäckigen Gerücht aufzuräumen: Ja, es ist in der Tat so, dass der Preis dem muskulösen und unglaublichen Körper des Moderators nachempfunden ist. Aber das nur so am Rande.

Der älteste Gewinner des Raab-Awards war Gustav Lommerzheim – 85jähriger Tanzgott aus dem Offenen Kanal Berlin. Jede Woche präsentiert er eine Tanzstunde für Senioren. Locker, seine Tanzpartnerin fest im Arm, macht er den tapferen Mittänzern Beine. Knorkator, flokatiliebende Chaosband aus Berlin, sorgten mit ihrem körperbetonten Auftritt beim deutschen Vorentscheid zum Grand Prix für Aufsehen. Schlagerfans waren außer sich, Raab war begeistert. Es war Liebe auf den ersten Blick – Stefans Zuschauer teilten seine Gefühle und verliehen den drei feinsinnigen Musikern den Raab der Woche.

Auch Ingo „Uiiiii, ist das lieb"-Dubinski, erhielt ihn für die zauberhafte Begrüßung seines Publikums.

Und außerdem: The Raab der Woche goes to: Walter Freiwald, weil sich niemand vor laufender Kamera schöner in die Finger schneidet als er und den Tenbuß-Zwillingen, weil es außer ihnen keiner schaffte, so viel zu sabbeln, dass Raab nicht mehr zu Wort kam – Respekt!

Die Verleihung des Preises geht mit einer großen Verantwortung einher. Wer sich dieser Verantwortung nicht bewusst ist, der bekommt den Raab der Woche wieder aberkannt. So geschehen bei Jürgen Drews, der durch seine laienhafte Moderation seiner Sendung „Strip" (RTL II) gezeigt hat, dass er für die hohe Auszeichnung nicht reif ist.

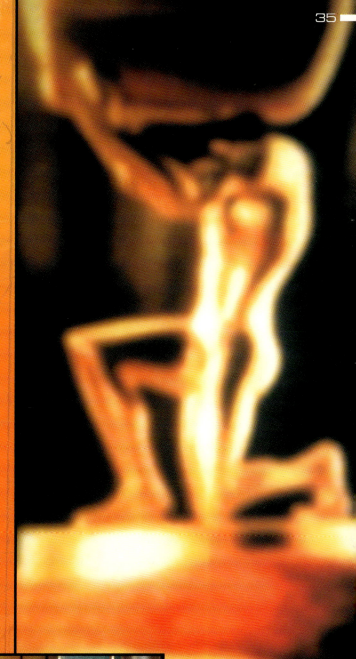

Helge Schneider in der Oster-Sendung

Stefan singt ein Raabigramm für Will Smith

aus Stefans Fotoalbum

Tom Jones wird mit einem Raabigramm überrascht

Raabigramme:

Raab singt für Prominente kleine Lieder und spielt auf der Ukulele dazu. Nicht immer sind die überraschten Promis darüber so richtig begeistert. Einige laufen weg und verstecken sich. Andere machen den Spaß einfach mit und freuen sich zunächst. So auch Verona Feldbusch, die Raab in ihrer eigenen Sendung mit einem Raabigramm überraschte.
Alles fing so harmlos an:
„Du hast so wunderschöne Haare und einen knackigen Popo.
Und Deine Art zu moderieren, ist auf beachtlichem Niveau, Du bist so sexy, so charmant und auch noch klug, doch manchen Männern ist das nicht genug."

Doch dann kam es:
„Denn für Dieter bist Du nur ne Wichsvorlage..."

Mittlerweile haben die Ständchen Kultstatus erreicht. Raab sang für Dieter Bohlen, Echt, für Vitali und Wladimir Klitschko und Bastian Pastewka alias Brisko Schneider.

Ein Ständchen für Verona Feldbusch

Alle Songs sind zu hören auf dem TV total-Album

Das kleine tv total Nachschlagewerk

Stefan und die Klitschko-Brüder

aus Stefans Fotoalbum

Raabigramm an Trucker:
Ich verehre alle Trucker,
die den ganzen Tag lang fahren.
Bei Nebel und bei Regen auf
der Autobahn.
Ihr fahrt tausend Kilometer
über Nacht und über Tags
und Ihr habt die allerlängsten,
superdicken Trucks.
Eure Bräute sind die Heftchen
und Eure linke Hand die Reibe,
und mit ein bisschen Glück
geht nicht alles an die Scheibe.
Ihr habt keine Zeit für Pipi
auf der Strecke nach Turin
und deshalb riecht's bei Euch
im Führerhaus auch stechend
nach Benzin.
Und müsst Ihr einmal dringend,
dann ist das schönste wie Ihr wisst,
wenn Ihr bei Tempo 85 in die
Thermoskanne pisst.
Und müsst Ihr auch mal Kacken,
dann geht das Ratzefatz,
denn in Eurer Thermoskanne ist
doch sicherlich noch Platz.
Jungs, Ihr seid toll, Jungs,
Ihr seid schwer auf Draht,
und ich danke Euch für jeden Tag,
den Ihr Laster fahrt.
Jungs, Ihr seid toll, Jungs,
Ihr seid wunderbar.
Und habt Ihr mal 'ne Panne,
dann nehmt 'nen Schluck aus
Eurer Kanne.

Raabigramm an Harald Schmidt:
Harry, Harry, Du bist so wunderbar und
Dein grau meliertes Haar.
Harry, Baby, ohne Dich leben wär' ein Hohn,
doch ohne Zerlett könnt' ich schon.
Du machst mich glücklich, wenn ich traurig bin.
Du gibst meinem Leben einen neuen Sinn.
Du reißt die wunderbarsten Zoten, doch ich,
ich hab' die besseren Quoten.
Die besseren Quoten. Ich hab' die besseren Quoten.
23 Prozent in der werberelevanten Zielgruppe.
5 Prozent besser als Birgit Schrowange, besseren Quoten.

Raabigramm an Echt:
Ihr seid die absoluten Teeniestars.
Alle Mädels wollen mit Euch gehen.
Sie kommen von überall angefahren,
nur um Euch zu sehen.
Alle wollen mit Euch in die Kiste rein,
doch Ihr sagt ständig nein,
DENN
Ihr habt noch keine Schambehaarung
und seid noch nicht
reif zur Paarung.
Ihr seid zwar nette Lümmel,
doch Ihr habt ganz
kleine Pimmel.

Raabigramm an Rudi Carrell:
Ich bin ein großer Fan von
Ihrem Können.
Ich schaute Sie auch früher
immer an.
Wenn ich Sie sah, musste
ich immer gleich pennen.
Also bitte, bitte sagen Sie
mir wann?
Jaaa, wann wirst Du
endlich wieder witzig,
So witzig wie Du früher
schon nie warst?
Ja, mit Lachern nur von
August bis September.
Und höchstens einem guten
Gag pro Jahr.

Raabigramm an Klitschkos:
Vitali und Wladimir, ich wär' gern so stark wie Ihr.
Ihr habt Hände so groß wie Paddel und einen
Brustumfang wie Naddel.
Ich bin zwar nur ein Wicht, doch ich bin schön und Ihr ......
Drum frage ich Euch nun, könnt Ihr mir einen Gefallen tun.
Einen Klitschko kleinen Gefallen.
Könnt Ihr dem Dieter Bohlen mal gepflegt den Arsch versohlen.
Denn er schreibt immer die gleichen Lieder,
drum brecht ihm alle Glieder.

Raabigramm an Dieter Bohlen:
Ein Mann, der stets weiß, was den Menschen gefällt.
Ein Typ, der die Herzen der Frauen erhellt.
Ein Mensch, der auch viel Grips hat und strahlt wie ein Licht.
Ja, alles das bist Du nicht.
Die gleichen Lieder seit zwanzig Jahren,
obwohl die Frauen auch mal andere waren.
Du hattest alle, mal die, mal jene,
doch nur einer der bist Du treu.
Thomas Anders, Supergirl!

Raabigramm an Brisko Schneider:
Du hast so geile schwarze Haare und 'nen knackigen Hintern.
Und nicht nur alle Damen möchten gerne mit Dir pimpern.
Auch die Männer wollen Dich im Geschwader,
denn sie wissen, unser Brisko ist ein Hinterlader.
Darum sag' ich's jetzt, bevor ich noch den Mut verlier',
Brisko, ich will ein Kind von Dir.
Denn eines das geht nun wirklich nicht.
Ich hab' Dich gestern mit Ingolf Lück erwischt.

Die Raab-Brüder:
Stefan Raab und Friedrich Günter Raab alias Patrick Lindner

Raabs Randgruppenwitze:
Regelmäßig testet Stefan Raab Randgruppenwitze an Randgruppen. Wie immer sich blindlings ins Chaos stürzend und auf keine Warnung achtend, erzählt Stefan Polizisten Polizeiwitze. Nach drei Tagen gelang es der Redaktion endlich Raab wieder aus dem Gefängnis zu holen. Auch bei Apothekern versuchte er sein Glück: „Ein Mann kommt in die Apotheke und sagt zur Apothekerin: ‚Entschuldigung, Sie haben da einen Tampon hinter dem Ohr stecken.' Darauf die Frau: ‚Vielen Dank für den Hinweis. Jetzt weiß ich endlich, wo der Kugelschreiber geblieben ist.'"

Raab-Brüder:
TV total sorgt für Familienzusammenführungen. In einer seiner Sendungen machte Raab eine unglaubliche Entdeckung: Er erkannte in dem Schlagersänger Patrick Lindner seinen verschollenen Bruder Friedrich Günter Raab wieder! War das eine Freude. Raab lud seinen geliebten Bruder in die Sendung ein und gemeinsam sangen sie ein Lied. „Die Raab Brüderlein" rührten die Zuschauer zu Tränen.

Schocker der Woche:
Nur die ganz abgehärteten Zuschauer mit Nerven wie Drahtseile können sich die

Das kleine tv total Nachschlagewerk

Schocker der Woche bis zum bitteren Ende anschauen. Aus Reportagen, Boulevardmagazinen und anderen Sendungen sucht Raab mit sicherer Hand die Szenen raus, die zart besaiteten Gemütern schon einmal eine schlaflose Nacht bescheren können: Es beginnt mit Ausschnitten von gebrochenen Armen und Beinen, dann folgen blutige Operationsszenen und schließlich als schrecklichstes Motiv: ein Bild von Rudi Carell.

Talk Total:
Die Rubrik Talk Total kann immer dann bei TV total präsentiert werden, wenn es Raab gelungen ist, die deutschen Talk-Master heimlich zu filmen. Am Wochenende treffen sich Hans Meiser, Arabella und Co. zu einer Selbsthilfegruppe. Dann haben sie Gelegenheit, sich über die schrecklichen Dinge der letzten Woche offen auszutauschen.
Da die Talk-Götter dann extrem scheu sind, muss Raab ganz vorsichtig vorgehen. Wenn er es schafft, die unglaublichen Geständnisse auf Film zu bannen, dann erfährt man, dass Hans Meiser gerne Damenunterwäsche trägt und Jürgen Fliege keiner Prügelei aus dem Weg gehen mag.

Theater am Rudolfplatz:
Wirk- und Aufzeichnungsstätte von Entertainer Stefan Raab. Jeden Montag gegen 18.30 Uhr gibt es hier 60 Minuten TV total live im Studio.

TV Global:
Nicht nur im deutschen Fernsehen sind Absurditäten und Merkwürdigkeiten üblich. Regelmäßig schaut Raab, was die ausländischen Freunde so treiben. Der Satelitenschüssel sei Dank, erfährt der TV total Zuschauer alles über fiese Spiele im japanischen Fernsehen und extreme Prügeleien in amerikanischen Talkshows.

TV total Lovestory:
In Talkshows sind häufig Menschen zu Gast, die alles über ihr Liebesleben offenbaren möchten. Nicht immer sind sie der deutschen Sprache so mächtig, dass alle verstehen können, worum es eigentlich geht. Also: Er hat sie, obwohl sie eigentlich mit ihr, weil es sich gerade so ergeben hat und dann haben alle zusammen, obwohl sie ja verheiratet ist, was aber keiner wusste. Stefan Raab sucht die schönsten Bilder und besten Dialoge und stellt sie zu einer herzerweichenden Lovestory zusammen. Lachtränen garantiert.

Zwelch:
Der gemeine Zwelch wurde das erste Mal in Schweden beim Grand Prix gesichtet. Er ist sehr pelzig, possierlich und immer rammelwütig. Der Zwelch ist dank TV total mittlerweile auf der ganzen Welt bekannt und schon unter Artenschutz gestellt worden. Er beißt nicht und man sieht ihn häufiger in der Nähe von Menschen.
Mitunter verwechselt man ihn leicht mit einem großen Mikrophon, das mit einem Flokatipelz bekleidet ist.

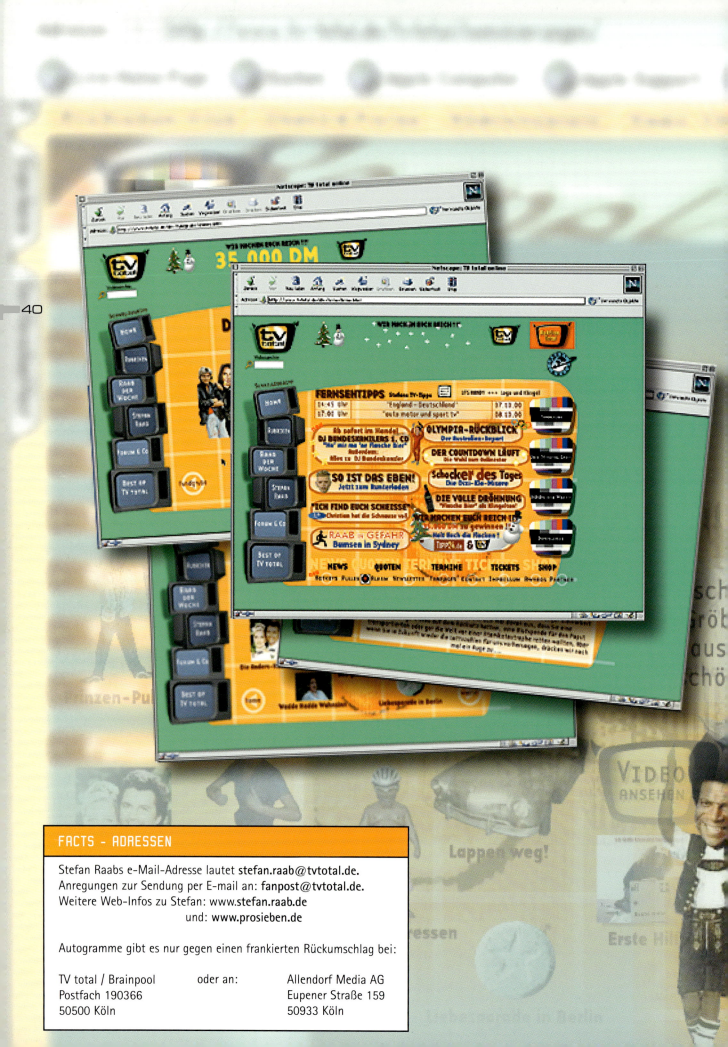

FACTS - ADRESSEN

Stefan Raabs e-Mail-Adresse lautet **stefan.raab@tvtotal.de**.
Anregungen zur Sendung per E-mail an: **fanpost@tvtotal.de**.
Weitere Web-Infos zu Stefan: **www.stefan.raab.de**
und: **www.prosieben.de**

Autogramme gibt es nur gegen einen frankierten Rückumschlag bei:

TV total / Brainpool　　　oder an:　　Allendorf Media AG
Postfach 190366　　　　　　　　　　Eupener Straße 159
50500 Köln　　　　　　　　　　　　　50933 Köln

Im Netz mit Raab
www.tvtotal.de

Raab wäre nicht Raab, fiele ihm nicht ständig etwas Neues ein. Stefan braucht ein Medium, das superaktuell ist und möglichst viele seiner jungen Zuschauer erreicht.

Also tummelt sich Stefan
mit seiner Sendung nun auf einer eigenen Internetseite:

24 Stunden am Tag, sieben Tage die Woche, 365 Tage im Jahr. Hier kann er sich so richtig austoben. Dabei stehen ihm hilfreiche Internetredakteure zur Seite, die seine vielen Ideen in der virtuellen Welt lebendig machen.
Der Web-Surfer erlebt noch einmal die Nominierten für den „Raab der Woche" in kurzen Videosequenzen, sieht noch nie gesendetes Backstage-Material, kann sich den unwiderstehlichen Wadde-hadde-Screensaver herunterladen und in den Evergreen „Maschen-Draht-Zaun" hineinhören. Freier download vom Kanzler-Hit „Ho mir ma ne Flasche Bier" und von Roberto Blancos Versprecher „Was is München o, o, o, o, ohne, o, o, o, o ohne de Wiesn", diverse Raabigramme, die witzigsten Beiträge aus der Rubrik „Raab in Gefahr" und ein Online-Shop sorgen für eine rundum Betreuung in Sachen Raab.
Unter dem Punkt Specials gibt es die beliebtesten Videoschnipsel oder wie Raab sagt: „Den letzten Dreck, mit dem wir nichts anfangen konnten."
Da bleiben keine Wünsche offen.
Raab greift gerne online ins Geschehen ein. Wann immer Zeit bleibt, chattet der Moderator mit seinen Fans im Netz.
Jeden Tag gibt es unter www.tvtotal.de die totalsten News zu Stefan und seiner Sendung.

Echt ...gröövy!

Raab und die Ö la Palöma Boys

„Eim tschast a börd in se skei"

Stefan und Regisseur Tommy Krappweis

Endlich erwischte es ihn auch mal.
Das haben sich viele gewünscht, und den
Ö la Palöma Boys ist es gelungen.
Sie haben Spaßmacher Stefan Raab kräftig
an der Nase herumgeführt:

Ulli und Claus, seit Jahren eng befreundet,
haben mit ihrem witzig gemeinten
Gruß an Tante Jutta
den Coup des Jahres 1999 gelandet.

Und ganz nebenbei Sächsisch zur
absoluten Kultsprache erhoben.

Zur Vorgeschichte:

Für eine Grußsendung vom Mitteldeutschen Rundfunk sangen sie in heimischer Wohnzimmerkulisse für Tante Jutta aus Dresden „Ö la Palöma blanca" und bannten den schrägen Sound auf Video.
Kaum beim MDR ausgestrahlt, hatte es auch schon Stefan Raab für seine Sendung TV total entdeckt. „Das gab es nicht... Da standen zwei Typen im Wohnzimmer und sangen mit ernster Miene in einem hardcore Sächsisch diesen englischen Song. Ich hab' mich totgelacht. Das musste ich einfach in meiner Sendung zeigen", grinst Stefan Raab.
Bei dem einen Mal blieb es nicht: Die beiden wurden der Running Gag der Sendung. Das Publikum war begeistert, die Redaktion von TV total konnte sich vor Anrufen kaum noch retten. Alle wollten wissen:
Wo ist diese Nummer zu bekommen?
Ulli und Claus, eigentlich Architekt und Taxifahrer von Beruf, waren als Ö la Palöma Boys der Hit. „Eigentlich wollten wir uns nur einen Spaß mit Tante Jutta erlauben. Aber als Stefan uns für seine Sendung entdeckte, war unser sportlicher Ehrgeiz geweckt. Wir hatten nun die Chance, den Spaßmacher vom Dienst so richtig vorzuführen," freute sich Ulli.
Stefan Raab lud sie in sein Musikstudio ein, um das Lied „Ö la Palöma blanca" für eine Single einzusingen. Nun kam die Stunde der Wahrheit:
Ulli und Claus outeten sich als Nicht-Sachsen und hatten nicht nur die Lacher auf ihrer Seite, sondern auch die Plattenkäufer. In nur wenigen Wochen erreichte die Single Gold-Status und wenig später sogar Platin mit über 500.000 verkauften CDs.
Eine Schnapsidee war auch der zweite Song „Tequila". Die Ö la Palöma Boys zeigten sich mit ihrer neuen Single von ihrer kernigen Seite.
Mit unglaublicher Coolness interpretierten sie den Hit aus den fünfziger Jahren – natürlich auf Sächsisch. „Once ju drink Degila, ju fieling riely göd, tweiß ju drink Degila, ju getting in se möd."
Für den Videoclip warfen sie sich in Sombreros, quetschten sich in enge Cowboystiefel und schnallten sich Revolver um. Doch statt scharf zu schießen, tranken sie lieber „scharf". Mit Salz und Zitrone spülten die Abenteurer den Tequila herunter, ölten ihre Stimmen und gaben ihren Erfahrungen mit dem Teufelszeug im Song Ausdruck. Aber auch „Cowboy" Raab war ein ganzer Mann: Er kämpfte mit sturen Eseln und ließ sich vom wilden „Bullen" abwerfen.

Hasta la vista, Ö Boys. Ihr ward echt gröövy!!

1) I'm a lonesome rider,
   I'm a real tough guy,
   I tell you livin' ain't easy
   but every day I try.
   I've seen a million places.
   Baby I get around
   with a sixpack of beer
   and a Maschen-Draht-Zaun.
   I'm a hardworking man.
   I don't need much in life.
   I got my horse, I got my boots,
   a hat and a knife.
   All I really need
   can surely be found
   I need girls, I need whisky
   and Maschen-Draht-Zaun.

R) Maschen-Draht-Zaun in the morning,
   Maschen-Draht-Zaun late at night,
   Maschen-Draht-Zaun in the evening,
   Maschen-Draht-Zaun makes me feel alright.
   And if I ever be king
   and I get a crown
   then it would surely be made of
   Maschen-Draht-Zaun...

2) All the ladies wanna have me,
   I'm a handsome boy
   and all the boys want me too,
   in especially Siegfried und Roy.
   I'm a sexmachine, baby,
   I had more girls than James Brown,
   and I fucked them all
   on the Maschen-Draht-Zaun.
   But now the time has gone by
   and something happened to me.
   I'm only half the man
   I used to be.
   I was the sexiest man
   in the whole big town
   before I ripped my balls
   on the Maschen-Draht-Zaun.

R) Maschen-Draht-Zaun in the morning,
   Maschen-Draht-Zaun late at night,
   Maschen-Draht-Zaun in the evening,
   Maschen-Draht-Zaun makes me feel alright.
   And if I ever be king
   and I get a crown
   then it would surely be made of
   Maschen-Draht-Zaun...

3) I was also a Sheriff,
   I was fighting for right.
   I was protecting law and order
   every day, every night.
   I was hunting a man
   with a big fat Bauch.
   And I caught him in the back of a
   Knallerbsenstrauch.
   But now the story is over.
   I had a good good life.
   I still got my horse,
   my boots and my knife.
   I did a lot of travelling,
   but now I settle down,
   at the Knallerbsenstrauch
   on the Maschen-Draht-Zaun.

R) Maschen-Draht-Zaun in the morning,
   Maschen-Draht-Zaun late at night,
   Maschen-Draht-Zaun in the evening,
   Maschen-Draht-Zaun makes me feel alright.
   And if I ever be king
   and I get a crown
   then it would surely be made of
   Maschen-Draht-Zaun...
   then it would surely be made of
   Maschen-Draht-Zaun...
   then it would surely be made of
   Maschen-Draht-Zaun...
   Yeah...!

Express-Köln ❶
Thüringische Landeszeitung, Erfurt ❷
Lübecker Nachrichten ❸
Fränkischer Tag ❹
Hamburger Morgenpost ❺
Bravo ❻
NRZ Neue Ruhr Zeitung ❼
NRZ Neue Ruhr Zeitung ❽
Thüringische Landeszeitung ❾
Recklinghäuser Zeitung ❿
Chemnitzer Morgenpost ⓫
Aachener Zeitung ⓬
Rheinische Post ⓭
Hamburger Abendblatt ⓮

Alf Igel
und die singende Nussecke

GRAND GRIX I

Der Schlager lebt!

Meister Guildo Horn und sein Produzent Alf Igel alias Stefan Raab versetzten Deutschland 1998 in einen wahren Schlagertaumel. Voller Zärtlichkeit verliehen die beiden mit „Piep, piep, piep, Guildo hat Euch lieb" dem eingeschlafenen Grand Prix wieder Glanz.

Raab erinnert sich: „Es geschah am 21. Dezember, kurz vor Weihnachten, im Zeichen der Liebe. Guildo hat mich angerufen und gesagt, er würde bald an der Vorentscheidung zum Grand Prix teilnehmen – ob ich nicht einen Song schreiben könnte. Ich war gerade unterwegs, wohnte im Hotel und ließ mir noch spät nachts ein Keyboard liefern. Da ich Noten weder lesen noch schreiben kann, nahm ich mich selber beim Spielen mit meiner Videokamera auf."

Wochenlang gab es im ganzen Land nur noch ein Thema:

Darf dieser Mann mit seiner Hippiematte und den bunten Schlaghosen für uns singen? Und das noch im Ausland? Der zieht doch ständig bei seinen Konzerten seine sexy Leibchen aus und schwitzt immer so.

Als dann noch durchsickerte, dass Mätzchenmacher Raab den Song komponiert und arrangiert hatte, schlugen vermeintliche Schlagerfreunde die Hände über dem Kopf zusammen. Ein tolles Pärchen: Ein plärrender Nusseckenfetischist und der Dauergrinser Raab. Ralph Siegel konnte und wollte es nicht glauben.

Andere schon: 62 Prozent der Zuschauer stimmten bei der Vorentscheidung für Guildo und seine Botschaft der Liebe. Auf unzähligen Grand Prix-Partys hatten die Fans bis zur Erschöpfung die Wahlwiederholung gedrückt.

Für Raab und Horn erfüllte sich mit der Teilnahme am Grand Prix ein Herzenswunsch: Alf Igel durfte ein richtig großes Orchester dirigieren und der Meister seine Botschaft europaweit verbreiten.

Guildos Leidenschaft riss die Grand-Prix-Nationen mit.

Der Meister gab mit vollem Körpereinsatz alles auf der Bühne. Die Kameras hatten Mühe, dem tobenden Horn zu folgen. Gerade noch auf der Bühne, schon zwischen den verblüfften Zuschauern im Parkett. Im nächsten Moment turnend in der Bühnendekoration.

Platz Sieben lautete das grandiose Ergebnis.

Lieder mit denen Stefan nicht beim Grand Prix antreten wird

GRAND GRIX II

Puller von Dubinski:
Baby, find'st Du den auch so cool wie ich?
Manche Mädels steh'n drauf, manche nicht.
Im Sitzen sah man's nicht, doch dann beim Gehen.
Da hab' ich den Kleinen ganz klar gesehen.
Baby, der Puller von Dubinski.
Käm' auch gut als Schnuller von Lewinsky.
Der Kamerad, der Apparat, die Flöte von Dubinski.
Der Pinsel, die Pipette, der Bunsenbrenner von Dubinski.
Die Pepperoni, der Otter, der Ingo von Dubingo.
Der Zerstäuber, das Frettchen, die Wunschbox von Dubinski.
Wow!
Der Sportsfreund, der Iltis, der Stecker, die Flinte, die Mettwurst, der Schnuller, der Luller, der Puller oder kurz gesagt der Sack von Dubinski.
Yeah, yeah, yeah, ...
Baby, der Puller von Dubinski.
Käm' auch gut als Schnuller von Lewinsky.
Die Pepperoni, der Otter, der Ingo von Dubingo.
Der Zerstäuber, das Frettchen, die Wunschbox von Dubinski.
Der Sportsfreund, der Iltis, der Stecker, die Flinte, die Mettwurst, der Schnuller, der Luller, der Puller oder kurz gesagt der Sack von Dubinski.

Neben Stefan: Ingo Dubinski

Knilch:
My name ist Knilch and I am funky.
My name ist Knilch, K N ILCH.
Ahh, ahha,...
Baby, ich bin total verzwickt.
Baby, du machst mich ganz verrückt.
Baby, du hast so dicke Aha.
Ich würde gerne mal ahhaahhahha.
Baby, schüttle dein Haar für mich.
Baby, ich schüttle meins für dich.
Baby, ich will ein Date mit dir.
Baby, ich bin schon scharf wie ein Tier Ah.
Die geile Schwedin vom letzten Jahr.
Die geile Schwedin mit dem blonden Haar.
Die geile Schwedin mit den dicken Boobies.
Die macht dich ja schon klar,
wenn du ihr nur zusiehst.
You sexy motherfucker!

Johnny Small:
Johnny Small walks alone in the wild, wild world he's gone.
Stick and hat drives him mad. Johnny is always glad.
Lalalalalala, Lalalalala, ...

Der Karl, der Karl:
Immer, wenn wir ihn im Fernsehen seh'n,
ist er super drauf, das ist wunderschön.
Immer gut gelaunt bis die Bude kracht.
Jetzt erzähl ich Euch mal, was der Karl vor jeder Sendung macht:
Der Karl, der Karl, der Moik, Moik, Moik.
Der kifft das schärfste Zeug, Zeug, Zeug.
Und dann gibt er richtig Gas, Gas, Gas.
Bitte nicht verklagen, ist nur Spaß, Spaß, Spaß.
Der Karl, der Karl, der Moik, Moik, Moik.
Der kifft das schärfste Zeug, Zeug, Zeug.
Und dann gibt er richtig Gas, Gas, Gas.
Bitte nicht verklagen, ist nur Spaß.
Er lacht, er tanzt, er singt, die ganze Zeit.
Ich schätze mal, er ist schon morgens breit.
Und wenn die Musi spielt, ist's ein Riesenspaß,
denn selbst in der Trompete steckt ein halbes Kilo Gras.
Refrain
Sein Publikum, das kommt von nah und fern,
denn alle seh'n den zugekifften Karl so gern.
Er zieht sie alle gleich in seinen Bann.
Und der allergrößte Stadlfanclub kommt aus Amsterdam.
Refrain

In den Armen von Stefan: Karl Moik

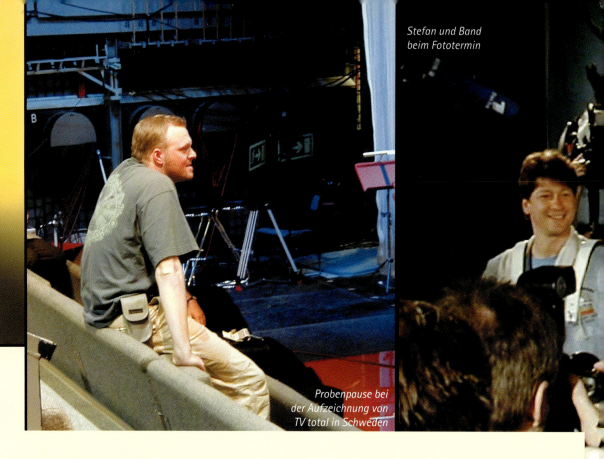

Stefan und Band beim Fototermin

Probenpause bei der Aufzeichnung von TV total in Schweden

Wadde hadde dudde da? ## What do you have there?

Ladies and gentleman
Ladies put your patsche hands together
For the sensational super sack of German television
Stefan Raab

Oh mein Gott! Es gibt ihn wirklich! Ooh...
Er ging nach Amerika und sagte, wenn ich es dort schaffe
Komme ich nie mehr nach Deutschland zurück
Und heute abend ist er wieder hier! Ooh...

Wadde hadde dudde da?

Hadder denn da wat, un wenn ja, wat hadder da
hadder da wat glatt, oder hadder da wat haar da?
Hadder da wat, wat sonst keiner hat
oder hadder dat auf dat, dat wadder da hat?
Dat wadder da da hat
dat hadder nu ma da?
Dabei war ja gar nicht klar dat dat dat da war
Wat dat war, dat war unklar
Und darum sammer domma bidde
Wadde hadde dudde da?

I am so curious, I just wanna know whatta you there have
I am so curious, I just wanna know whatta you there have

Wadde hadde dudde da

A ha wadde hadde dudde da

Wadde dudde da da hat hat ich schon vor nem Jahr
Ne ne dat war weder dat dat oder dat da

Wie dat dat wat war ich dachte dat dat dat war
Wat dat da war dat is noch immer nicht klar
Und ob dat matt, glatt, platt, satt oder wat euch immer war
Dat dat wat war und wenn wat dat da war
Bidde bidde sammer domma wadde hadde dudde da

I am so curious, I just wanna know whatta you there have
I am so curious, I just wanna know whatta you there have

Wadde hadde dudde da?

Ladies and Gentlemen
Ladies, clap your chubby little paws together
for the sensational super bag of German Television
Stefan Raab

Oh my goodness, he does exist after all! Ooh...
He went to America and said: If I can make it there,
I'll never come back to Germany again
And tonight, he's here, back again! Ooh...

What do you have there?

Does he have something there, and if so,
what does he have there?
Does he have a bald head there
or does he have hair there?
Does he have there what nobody else has or does he have
something on top of what he has there?
That what he has there he has there
And actually it wasn't clear that that was there
That what was there that was unclear
And now tell me please what do you have there?

I'm so curious, I just wanna know what you have there
I'm so curious, I just wanna know what you have there

What do you have there?

So, what do you have there?
That what you have there I had there a year ago
No no, that wasn't that nor that nor that there

How that was what was there, I thought that that was there
And what that was what was there, that is still not clear
And if that was mat or flat or smooth or whatever it was
There was something there, and if so, them what was there
Please, please tell me, what so you have there

I'm so curious, I just wanna know what you have there
I'm so curious, I just wanna know what you have there

What do you have there?

GRAND GRIX II

Im Land des
KnÄckebrots

Ein Reisebericht von Stefans Managerin Gaby Allendorf

STOCKHOLM ist eine Stadt am – oder besser gesagt – im Wasser. Das ist schon mal gut, denn am – oder besser noch – auf dem Wasser fühlt sich Stefan sauwohl. Deshalb verbringt er seinen Urlaub auch immer auf einem Boot, am liebsten auf dem eigenen Segelboot.

Bereits beim Anflug auf Stockholm zeigt Stefan sein breitestes Grinsen. Die Schärenküste, tausende kleiner Inseln aus schroffem Fels. „Das ist geil!" und außerdem Hausboote, Restaurantschiffe, Segelboote, Wikingerschiffe, Speedboote, Lachsbrote – so lässt es sich leben.

Kaum ist die deutsche Delegation, also Stefan, die Band, die Tänzerinnen, das TV total-Team und das Management, im Hotel eingecheckt, hat Stefan schon die ganze Woche verplant: Ein Flug über die Schärenküste, eine Speedboottour, ein Segeltörn, ein Ausflug mit dem Motorboot, eine Party auf dem Wikingerschiff und zwischendurch Kickboardfahren. Stefan freut sich: „Das wird eine sensationelle Woche. Mensch, haben wir Schwein!"

„Moment mal Stefan, Du bist nicht zum Vergnügen hier! Probentermine für den Grand Prix, offizielle Pressekonferenzen, zahlreiche Einzelinterviews, Fotoshootings und nicht zu vergessen die Dreharbeiten für TV total...." Sein Grinsen verschwindet – der Blick gefriert. Wir seien Spaßbremsen, sagt Stefan,

TV total aus Stockholm

Offizielle Pressekonferenz

Mit Band auf Speedboot-Tour

aus Stefans Fotoalbum

und das ist so ziemlich das hässlichste Schimpfwort in seinem Wortschatz. Man kann alles sein, nur um Gottes Willen keine Spaßbremse.

Wir arbeiten daher Kompromisse aus. Jens Bujar, Stefans Chefautor bei TV total und mit Sicherheit der lustigste Vogel im Team, wird als Vermittler eingeschaltet. Komplizierte Verhandlungen nehmen ihren Lauf. Schließlich gehen beide Seiten aufeinander zu. Zwei Tage Freizeit für Stefan, fünf Tage Arbeit und offizielles Programm, das ist der Deal.

Jens Bujar besorgt das Speedboot, Herbert Jösch, der Schlagzeuger und selber Hobbypilot, kümmert sich um das Wasserflugzeug. Das Presseteam organisiert eine Pressekonferenz und chartert dafür das Wikingerschiff „Svea".

Der erste Probentag

in der Festhalle Stockholms, dem Globen: Der Leiter der deutschen Delegation, NDR-Unterhaltungschef Dr. Jürgen Meier-Beer wartet schon. Pässe werden verteilt, Bühnenpässe, Backstagepässe, Hallenausweise, Zutrittskarten für die Presselobby – alles ist streng reglementiert. Die Garderobe der deutschen Künstler – ein dunkler, schmaler, unkomfortabler Raum im Kellergewölbe (hat ein bisschen Ähnlichkeit mit einem U-Boot. Vielleicht mag Stefan das ja?) liegt unmittelbar vor der Garderobe von Nicki French, der britischen Interpretin, die sich für ihren Titel „Don´t play that song again" große Siegeschancen ausrechnet. Später landet sie allerdings auf dem für sie und die britische TV-Nation enttäuschenden 16. Platz.

Rechts neben Stefan und seiner Band liegt die Garderobe zweier, im Vergleich zu den anderen Künstlern etwas reiferen Herren aus Dänemark, die sich Olsen

Stefan umringt von Journalisten
auf dem Wikingerschiff "Svea"

Die offiziellen Empfänge

Brothers nennen, weil sie nun mal Brüder sind und mit Nachnamen Olsen heißen. Die beiden freundlichen, ruhigen Dänen sind alte Hasen im Grand Prix Geschäft und ihre Devise lautet: Dabei sein ist alles! Stefan freundet sich schnell mit ihnen an, denn sie gehören zu den wenigen Interpreten des Festivals, die ihren Song selber komponiert haben – wie Stefan eben auch. Richtige Musiker also, und da Stefans größte Leidenschaft die Musik ist, finden die Olsen Brothers und er schnell einen Draht zueinander. Es wird über Country- und Westernmusik gefachsimpelt, an der Gitarre experimentiert und Expertenwissen über die Besonderheiten der Steelguitar ausgetauscht.

DER ZWEITE PROBENTAG: Wie schon am Vortag schleppt Stefan einen großen Pappkarton mit Cowboyhüten durch die Sicherheitsschleusen am Künstlereingang und die langen unterirdischen Gänge des Globen. Er hat sich vorgenommen, als Showeinlage bei „Wadde hadde dudde da" sechs Hüte ins Publikum zu werfen. Bei vier Proben, einer Generalprobe und der eigentlichen Show macht das 36 Hüte, na sagen wir zur Sicherheit lieber 50, wer weiß, was noch kommt. So waren also bei der Anreise des deutschen Teams neben Gitarren, einem Kickboard und drei großen Koffern mit sechs Bühnenkostümen auch fünf Kartons mit je zehn Hüten an Bord der Lufthansa-Maschine Frankfurt–Stockholm. Auf der Rückreise zählte man nur noch exakt sechs Stück, je einen auf dem Kopf jedes Bandmitgliedes.

FRÜHER BEI HOFE lachte das Publikum über den Hofnarr. In jeder Schulklasse gibt es den Klassenclown und in der deutschen Delegation zum Grand Prix d'Eurovision gibt es Herrn Dr. Meier-Beer, eine angesehene, respektable Führungskraft des öffentlich-rechtlichen Rundfunks in Deutschland. Ein seriöser, ruhiger Mann. Seine Karriere verlief stets geradeaus, seine beruflichen Schritte waren immer wohl durchdacht, bis auf einen: Er reiste mit Stefan Raab nach Schweden. Binnen einer Woche hat es Mr. Eier-Beer, wie Stefan ihn flugs umgetauft hat, zum unfreiwilligen Hofnarr des Grand Prix gebracht. Seine Bekanntheit bei der internationalen Presse stieg in 48 Stunden von null auf 99 Prozent, viele Politiker beneiden ihn darum. Keine Pressekonferenz, in der Stefan nicht mindestens einen Gag auf Kosten des NDR-Unterhaltungschefs abschießt, und das gleichermaßen treffsicher in Deutsch und Englisch, keine unangenehme Frage auf die Stefan nicht mit gewohnt breitem Grinsen antwortet „Ask Mr. Eier-Beer".
Keine Peinlichkeit, die Stefan ihm erspart hätte.

Besprechung am Nachmittag

Stefan verläßt das Wikingerschiff im Beiboot

ABER MR. EIER-BEER besteht die Herausforderung mit Bravour und deshalb wird sein Foto einen Ehrenplatz im TV total-Museum bekommen. Er sei, so Stefans Urteil, ganz entgegen seines ersten Eindrucks, überhaupt keine Spaßbremse, sondern ein richtiger Spaßvogel. Deshalb verspricht Stefan vor der internationalen Presse: „Wenn ich gewinne, küsse ich Herrn Eier-Beer auf seinen klugen Kopf, und zwar noch auf der Bühne." – Na, wenn das nichts ist?

GEWONNEN HAT STEFAN sowieso schon, nämlich die Sympathien der Medien. Die Pressekonferenzen entwickeln sich zu einem Songcontest eigener Art. Als Hommage an das Gastland eröffnet Stefan die Runde jedes Mal mit „Her komme Pipi Longstrumpf". Er spielt mit seiner Band alte Abba-Hits im Raab-Mix und „Wadde hadde dudde da" nach der Melodie des Beatles Evergreens „Hey Jude". Auf dem Wikingerschiff singt er „Heidewitzka, Herr Kapitän" und als Gruß an seine Heimatstadt „Mein Herz schlägt für den FC Kölle". Die Journalisten – anfangs ein wenig skeptisch – trauen sich bald, eigene Wünsche zu äußern – Wunschkonzert mit dem funny guy aus Germany. „Help yourself" von Tom Jones wünscht sich ein Brite, für die spanische Presse spielt Stefan Flamenco-Melodien. „Können Sie auch ein finnisches Lied singen?", fragt ein Reporter aus Finnland. Stefan überlegt nur einen Augenblick, greift zur Gitarre, schlägt einen einzigen Akkord und ruft „Finnish!" – „Ende!" Die Medienvertreter grölen. Stefan setzt sein Jacketkronen-Grinsen auf. Pointe gelungen.

SO LANGSAM WIRD ES ERNST und Stefan ein bisschen kleinlauter. Den gesamten Samstag verbringen er und die Band im Globen. Zwischen Generalprobe und Abendveranstaltung dürfen die Künstler die Halle nicht mehr verlassen, denn das Risiko, später im Stau der anreisenden Zuschauer stecken zu bleiben, ist zu groß. Stefan zählt zum x-ten Mal die Hüte, schnappt sein Kickboard und saust die langen Gänge zwischen den Garderoben rauf und runter, was eine nicht mehr ganz junge Hostess des Schwedischen Fernsehens dazu veranlasst, Stefans Management mit gespielter Freundlichkeit zu fragen: „Finden Sie nicht, dass der junge Mann ein bisschen zu viel Energie hat?" Nö, finden wir eigentlich gar nicht. Heute ist er – für seine Verhältnisse – sehr, sehr ruhig, beinahe langweilig. Die Dame mit der strengen Goldrandbrille wird eingeladen, einen Tag mit Stefan zu verbringen, wenn die guten Ideen sprudeln, aus denen später Hits wie „Maschen-Draht-Zaun" und „Guildo hat Euch lieb" oder TV total-Gags wie „Pulleralarm" werden. Nein, heute ist Stefan wirklich unauffällig, oder besser gesagt auffällig still. Später schläft er sogar auf der harten Holzbank in seiner Garderobe ein.

KURZ VOR 20 UHR, die Stimmen in den Gängen werden lauter, Türen klappern, die Mädels schauen noch mal schnell in den Spiegel, Hochbetrieb auf dem Klo. Stefan klopft bei den Olsen Brothers: „Ich möchte gerne ein Autogramm von Euch, dann kann ich später sagen, das ist das letzte Autogramm, bevor die Olsen Brothers Grand Prix-Sieger wurden." Und damit sollte Stefan verdammt noch mal Recht behalten. Niemand, buchstäblich n i e m a n d hat zu diesem Zeitpunkt an einen Sieg der Olsen Brothers geglaubt, außer Stefan. Die Dänen lachen, zeigen Stefan einen Vogel und schreiben brav ihre Namen auf ihre CD „Fly on the wings of love".

Band mit den Olsen Brothers...

aus Stefans Fotoalbum

... und mit Nicki French

aus Stefans Fotoalbum

ZUFRIEDEN schlendert Stefan in den Cateringbereich, öffnet eine Flasche Cola Cola, vermutlich die zehnte an diesem Tag. Cola ist für ihn Nervennahrung, Alkohol rührt er sowieso nicht an und seit einigen Monaten auch keine Zigarette mehr. Da ist er eisern. Selbst in den langweiligen Pausen im Globen oder in der Anspannung vor dem Auftritt wird er nicht rückfällig. Wenn er sich etwas vornimmt, zieht er es durch.

SO WIE SEINE TEILNAHME beim Grand Prix. Ein knappes Jahr ist vergangen seit Stefan bei einem Grillabend auf seiner Terrasse zwischen zwei Bratwürstchen so ganz nebenbei fragte: „Was haltet ihr davon, wenn ich beim Grand Prix mitmache?" „Tolle Idee", antwortet Jens Bujar, „ der ist doch in Schweden. Dann können wir Elche umkippen." Damit war die Sache entschieden.

JETZT SIND ES noch fünf Minuten bis zum Opening der Sendung. Deborah, eine der beiden Tänzerinnen aus Stefans Team, flirtet schon wieder mit Al Bano, der im Backgroundchor der Schweizer Interpretin singt. Ralf schreit eine Wand an. „Der hat sie nicht alle", denken die schwedischen Hostessen. Wer im Lärm des Backstagebereiches aber genau aufpasst, hört, dass er sein Announcement probt: „Ladies and Gentlemann, here is the supersack of German television, Mr. Stefan Raab."
Herb telefoniert noch schnell mit seinem kleinen Sohn, Simone hantiert mit einer Sprühdose Goldlack an ihren Stiefeln herum, Hoffi hilft ihr dabei, weil er befürchtet, dass sie aus lauter Nervosität nicht die Stiefel, sondern ihre Beine und die der umstehenden Künstler lackiert.

DIE SPANNUNG STEIGT. Unmittelbar vor der deutschen Band treten die Olsen Brothers auf. Stefan schlägt mit einem Kleiderbügel den Takt von „Fly on the wings of love" auf einen Garderobenständer. „Wer hat eigentlich die schwachsinnige Idee gehabt, dass wir beim Grand Prix mitmachen?" fragt er.
So hundertprozentig weiß das niemand mehr, nur Ralf meint sich zu erinnern, dass es Jens Bujar war: „Der wollte doch nach Schweden, Elche umkippen, oder?" Kaum zehn Minuten später, nach dem Auftritt vor rund 100 Millionen TV-Zuschauern in ganz Europa, legt Stefan sein allerbreitestes Grinsen auf. „Das war sooo geil! Nächstes Jahr machen wir wieder mit, und im Jahr darauf auch und danach ebenfalls!!!" Plötzlich fällt ihm auch wieder ein, wer die grandiose Idee hatte, beim Grand Prix mitzumachen. Das war natürlich er.

IM GREENROOM, der so heißt, weil der Teppichboden grün ist, warten alle Künstler auf das Voting in den Teilnehmerländern. Stefan und die Band haben viel Grund zur Freude und dreimal Anlass, richtig zu jubeln: Österreich, Spanien und die Schweiz geben „Wadde hadde dudde da" 12 Punkte, das höchste, was ein Land zu vergeben hat. Großer Beifall aus der deutschen Ecke auch für jeden Punkt, den die Olsen Brothers bekommen. „Die gewinnen, die gewinnen, ich hab's Euch vorher gesagt", jubelt Stefan und freut sich wie verrückt. „Wadde hadde dudde da" landet auf dem fünften Platz. Damit hat sich Stefan sogar selbst überholt. Guildo Horn erreichte zwei Jahre zuvor in Birmingham mit dem Raab-Titel „Guildo hat Euch lieb" Platz sieben.

DIE LETZTE NACHT in Stockholm gehört Stefan, seiner Band, dem Team und vielen aus Deutschland angereisten Freunden ganz allein. Keine Kameras mehr, keine Interviews. Das war ein Teil unseres Deals: Zwei Tage Freizeit, fünf Tage Showbusiness und am Samstag eine After Show Party ganz privat. Es gibt Bier und Gulaschsuppe, für Stefan Cola und viele Glückwünsche zu einem sehr guten fünften Platz. „Hat der Bundeskanzler schon telegrafiert?", ruft Stefan, „Nein, hat er vergessen? Na macht nichts, ich hab´ nach der Bundestagswahl auch vergessen, ihm ein Glückwunschtelegramm zu schicken."

FLICKENJEANS UND LEDERSTIEFEL

Tagein, tagaus waren wir zusammen. Keiner ging ohne den anderen irgendwohin. Jeder wusste: wir gehören zusammen. Es war die große Liebe. Eine Trennung schien undenkbar, schließlich waren wir hautnah dabei als Stefan die ersten Schritte im Showgeschäft unternahm. Wir standen mit ihm vor der Kamera als er Vivasion moderierte, konnten ihn bei offiziellen Presseterminen begleiten und gingen dann abends mit ihm nach Haus. Wir waren ein eingespieltes Team und bald sein Markenzeichen. Aber wie immer im Leben kommt irgendwann der große Abschied. Es war an der Zeit, eigene Wege zu gehen. Wir waren allmählich alt und speckig. Raab war aus uns herausgewachsen. Er überlegte sich deshalb, was er jetzt mit uns anfangen sollte. Schließlich wurden wir mit einem Autogramm von ihm für einen guten Zweck versteigert. Heute fristen wir unser Dasein in einem Kleiderschrank, begraben unter vielen anderen Kleidern.
Wenn wir so zurückdenken ist schon ein bisschen Heimweh und Wehmut dabei.

DAS ERDMÄNNCHEN-WEIBCHEN LIESELOTTE

Stefan und ich haben uns bei Dreharbeiten im Kölner Zoo für die Sendung Vivasion kennen gelernt. Spontan bot Stefan mir an, mein Patenonkel zu werden. Ich habe mich natürlich total gefreut. Regelmäßig schaute Stefan dann bei uns am Gehege vorbei. Er fand unsere Lebenseinstellung ganz dufte: Wir liegen nämlich sehr gern schön faul in der Sonne herum. Wir leben in engen Familienverbänden, in denen immer einer für den anderen da ist. Fand Stefan ziemlich toll, da ihm seine Familie auch sehr wichtig ist. Außerdem haben Stefan und ich den gleichen Lieblingswitz: „Zweiundzwanzig Liliputaner sitzen in einer Kneipe an der Theke. Kommt ein Erdmännchen rein und sagt: „Tach Jungs, ist der Kicker kaputt."

UND WIE WAR'S
– WEGGEFÄHRTEN BERICHTEN

DIE UKULELE

Wir haben doch keine Zeit. Der Stefan und ich. Ständig unterwegs. USA, Schweden, Australien. Kaum noch Privatleben. Hier ein Liedchen, da ein Raabigramm. Meine Saiten sind bis zum zerreißen gespannt. Aber Stefan braucht mich doch. Ich kann ja auch nicht ohne. Obwohl mal Urlaub – wäre auch nicht verkehrt. Ich wollte schon immer mal nach Indien, zum Yoga lernen.

Aber manchmal spielt er auf mir auch ganz schön scheiße!

Der Wecker

Jeden Tag gibt's was auf die Nuss. Dabei kann ich überhaupt nichts dafür. Mache schließlich nur meine Arbeit. Aber das ist dem ja egal. Entweder ich klingele mich halb zu Tode und der rührt sich nicht mal oder es gibt gleich was auf die zwölf. Kein Wunder: geht morgens erst ins Bett und kriegt dann den Hintern nicht aus der Kiste. Erzählt immer er würde so lange arbeiten, glaubt ihm doch eh keiner. Wer hier lang und hart arbeitet bin ich. Habe nämlich schon etliche Beulen und Lackschäden, weil Herr Raab mich gerne mal gegen die Wand pfeffert. Niemals ein freundliches Wort, mittags werde ich immer mit „Scheißwecker, ich will noch schlafen" begrüßt. Bin aber immer noch bei Stefan, weil ich sein Schnarchen so mag. Er meint es ja meistens auch nicht so. Außerdem hab ich am Wochenende meistens frei.

ELVIS, DER HASE

Ich führte ein Schattendasein. Unerkannt musste ich die ersten Jahre meines Lebens mit anderen Langohren in einem Karnickelstall verbringen. Niemand wollte mein wahres Ich erkennen und fördern. Doch dann kam meine große Chance. VIVA machte ein Hasen-Casting und ich bewarb mich. Stefan sah mich und erkannte mein Showtalent. Er gab mir liebevoll den Künstlernamen „Elvis". Die ganze Woche über freute ich mich auf meine Auftritte bei VIivasion. Ich durfte in der Kulisse stehen oder sogar auf Stefans Keyboard herumspringen. Immer hatte er ein freundliches Wort und eine Möhre für mich. Endlich hatte das Leben einen Sinn. Jetzt gebe ich in meiner kleinen Künstleragentur „Karl Nickel" meine langjährige TV-Erfahrung an den zahlreichen Nachwuchs weiter und bereite junge Hasen-Talente auf ihre Karriere vor.

DJ Bundeskanzler
„Ho mir ma ne Flasche Bier"

Die Geschichte von Stefan Raab und Gerhard „Goldkehlchen" Schröder

Gleich der erste Song ein Hit. Glückwunsch an Bundeskanzler Gerhard Schröder. Nur einer hat seine Popstar-Qualitäten erahnt. Sein Produzent „Bundeskasper" Stefan Raab.
Der Song „Ho mir ma ne Flasche Bier" war nach seiner Weltpremiere bei TV total der absolute Renner. Im Internet unter www.tvtotal.de konnte sich jeder das Lied herunterladen. Unter dem Ansturm von 700.000 TV total-Fans brach die Web-Seite schließlich zusammen – alle wollten Gerhard.
Eine Lawine E-Mails, Briefe und Anrufe setzte ein. Kaum eine Woche später veröffentlichte Stefan den Titel als Single.
Nun konnte jeder, der nicht die Chance hatte, sich im Web das beliebte Bier zu holen, ins nächste Plattengeschäft gehen. Das taten dann auch gleich 250.000 Menschen.
So hatte Interpret Gerhard Schröder innerhalb von zwei Tagen seine erste Goldene Schallplatte sicher. Acht Tage später stürmte DJ Bundeskanzler in die Charts von Null auf Platz zwei – der höchste Neueinstieg der Woche. Gerhard S. verdrängte sogar die Popstars Madonna und Britney Spears von ihrer Position.
Der Bundeskanzler verstand den Spaß und ließ sich die Veröffentlichung gefallen. Angst davor, dass der Bundeskanzler über den Gag ärgerlich sein könnte, hatte Stefan nicht: „Gerhard Schröder ist ein Mann mit viel Humor. Er lacht gern und ich denke, er macht den Spaß mit. Außerdem hatte ich das Gefühl, dass Gerhard Schröder in den Satz ‚Ho mir mal ne Flasche Bier' verschlüsselt die Botschaft ‚Stefan mach ein Lied daraus' versteckt hat."
Natürlich nominierte Stefan den erfolgreichen Spitzeninterpret für den Raab der Woche. Gleich zweimal gewann der Bundeskanzler den begehrten Fernsehpreis. Leider konnte Schröder bisher nicht kommen. Vielleicht schaut er mal vorbei, wenn er mit seinen Songs auf große Deutschland-Tournee geht.

Das Cover zu „Ho mir ma ne Flasche Bier" kreierte Stefan übrigens in mühevoller Kleinarbeit selbst. Freihändig zeichnete er Flasche über Flasche. Seine zahlreichen Versuche konnten von der Putzfrau aus dem Papierkorb gerettet und der Redaktion zugespielt werden.

mediático. El canciller alemán
mejor que nadie ante las cá...
tiene un sexto sentido para...
cuándo impactar al máximo...
Pero la suerte tamb...
frase espontánea p...
durante la gira que...
Alemania, a finales...
canción de moda...
cual ya se han ven...
compactos. Al can...
dulce. Cualquier h...
popularidad, aunq...
bienvenido.

La historia es ba...
...as de camisa y cansado se hallaba firm...
cuando, de repente, en tono amigable y...
...lla de cerveza o me declaro en huelga!...
...ámaras y emitida en los telediarios. A S...
...e Alemania en el festival de Eurov...
...e que la frase (en alemán) rima. Inme...
...a ritmo de polka.

...tenido el detalle de reconocer a Schr...
...ble frase. El canciller recibirá 30 centa...
...co vendido y 2,75 marcos (234 pesetas) p...
...n una emisora de radio. Un portavoz del Gobierno federal confirmó...
...r acepta... ...ero lo donará para obras de beneficencia...

Singender Kanzler auf Goldkurs

KÖLN ■ Bundeskanzler Gerhard Schröder (SPD) ist bereits wenige Tage nach seinem unfreiwilligen Einstieg in das Musikgeschäft eine goldene Schallplatte sicher. Nur drei Tage nach der Veröffentlichung des von Blödel-Barde Stefan Raab zusammengestellten Kanzler-Raps „Ho mir ma ne Flasche Bier" erreichte das Stück mit 250 000 ausgelieferten Singles in dieser Kategorie Goldstatus, wie die Produktionsgesellschaft Brainpool TV mitteilte. Direkt am ersten Tag sei „Ho mir ma ne Flasche Bier" in den Trend-Charts von Null auf Eins eingestiegen. Stefan Raab hatte den musikalisch unterlegten Zusammenschnitt der Kanzlerworte am 18. September in seiner Sendung „TV total" vorgestellt und ins Internet gestellt. AFP

Märkische Allg. – Potsdamer Tageszeitung

Wie Stefan Raab den Kanzler vermarktet...

Gerhard Schröder auf allen Ebenen

Von Hanne Fog

Hamburg. Der Kölner TV-Moderator und Musiker Stefan Raab will sich offensichtlich als Kanzler-Vermarkter einen Namen machen: Zur Veröffentlichung der CD „Hol mir ma ne Flasche Bier", die seit Mittwoch in den Läden steht und im Polka-Rhythmus Gerhard Schröder wiederholt nach Gerstensaft verlangen lässt, macht sich Raab nicht nur in einer Fernseh-Sendung, sondern auch im Internet über den SPD-Politiker lustig.

Doris wird nächstens zum Bierholen geschickt

Unter www.tvtotal.de kann nicht nur das Lied heruntergeladen werden, auch das von Raab zusammengeschnittene Video ist zu sehen. Das zeigt durch geschickte Schnitte den Bundestag in Bierzeitlaune, etliche Bier trinkende Politiker und die schon vielfach gesendete Tanzbäreneinlage eines gut gelaunten Boris Jelzin. Dazu hat Raab bereits in enger Anlehnung an ein existierendes Produkt „Hässeschröder"

als des Kanzlers Biermarke ersonnen und einen Comic-Strip ins Netz gestellt. Der heißt „In Bed With Doris" und zeigt einen griesgrämigen Kanzler, der seine ihn verliebt anschauende Gattin nächtens zum Bierholen aus dem Schlafgemach schickt.

Den von Bundeskanzler Gerhard Schröder während einer Autogrammstunde geäußerten Wunsch „Hol mir mal ne Flasche Bier, sonst streik ich hier" hatte Raab vor rund zwei Wochen in Liedform gebracht und dem Kanzler Anteile an den Tantiemen angeboten. Der Kanzler könne dann die Ökosteuer zurücknehmen, hatte Raab gemeint.

Die stellvertretende Regierungssprecherin Charima Reinhardt erklärte zu der Frage, ob Schröder die Entgegennahme von Tantiemen für die CD ablehnen werde: „Nein, ich glaube nicht, dass er ablehnt." Etwaiges Geld könne „einem guten Zweck" zugeführt werden. Raabs Wunsch, der Kanzler möge im Gegenzug für die „Werbekampagne" in seine Sendung „TV Total" kommen, will Schröder allerdings nicht erfüllen.

Dewezet, Deister- und Weserzeitung

WZ Düsseldorf

Schröder im Schlagerhimmel

Stefan Raab vermarktet seinen Bierkanzler-Song über alle Kanäle

Köln (ang/dpa). Der Pro7-Moderator Stefan Raab ist sehr musikalisch, doch mindestens genauso virtuos beherrscht er die Marketing-Klaviatur. Erst verhalf er der Hausfrau Regina Zindler zum Sprung über den Maschendrahtzaun und zu zweifelhaftem medialem Ruhm. Nun will er sich als Kanzler-Vermarkter einen Namen machen: Schröders Ausspruch „Hol mir ma ne Flasche Bier" ist sein jüngster Titel.

Raab be... ...schen Dre... den Song „TVtotal"... dann gab...

seit gestern steht die CD in den Läden. Auf den Song selbst hat der 33-Jährige diesmal noch weniger Sorgfalt verwendet: Er hat ihn an einem Wochenende in aller Textarmut im Rumtatata-Rhythmus zusammengeklöppelt, weshalb er auch schon zum Hit der Bierzelte geworden ist. Das Video ist auch nicht gerade originell: Diverse Politiker trinken.

Raab achtet jedoch darauf, dass Text-Tantiemen von 34 Pfennig...

guten Zweck zuführen.

Abgesehen vom Text, kennt Raabs Einfallsreichtum kaum Grenzen: Er hat bereits die Biermarke „Hasseschröder" ersonnen und den Comic-Strip „In Bed With Doris" ins Netz gestellt. Er ist auch mal eben nach Australien geflogen, damit er heute bei Kerner werben kann. Doch am allerliebsten hätte er den Kanzler mal bei sich im Studio. Doch Schröders verbindliche Absage steht...

Medien: Der singende Kanzler

Dank TV-Moderator Stefan Raab könnte Bundeskanzler Gerhard Schröder bald die Hitparaden stürmen. Raab hat aus Schröders Wunsch „Hol mir mal 'ne Flasche Bier, sonst streik ich hier!" ... macht. Bislang gab... Bundeskanzler" nu... kommt die CD auf... Text von Schröder... ler am Gewinn betei...

Stefan Raab verhilft dem Bundeskanzler zu unverhofftem Ruhm. Foto: MAXWITAT

Lübecker Nachrichten / Hansestadt Lübeck

Der Kanzler bald in den Charts?

Berlin (rtr). Mit seiner Äußerung „Hol' mir ma in Bier, sonst streik' ich hier!" könnte Bundeskanzler Gerhard Schröder von heute an in der Hitparade vertreten sein. Dafür will Musikproduzent und TV-Star Stefan Raab sorgen. Schröder hatte den Satz bei einer Autogrammstunde auf seiner Reise durch die neuen Bundesländer fallen lassen. Raab griff die Aussage aus einer Fernsehreportage auf und schuf mit um sie herum den Pop-Song „Hol mir mal in Bier!" Laut Raab gibt es schon 125 000 Vorbestellungen. Aus dem CD-Verkauf will Raab Schröder Tantiemen zukommen lassen. Ein Sprecher

Schröders sagte, von Seiten des Kanzleramtes seien keinerlei Versuche gemacht worden, die Veröffentlichung zu unterbinden. Der Kanzler kenne es und habe geschmunzelt. Über eine Verwendung möglicher Tantiemen sei bislang noch keine Entscheidung gefallen, sie würde aber gemeinnützig sein.

Pinneberger Tageblatt

Spaßgesellschaft

Knallerbsenstrauch auf Kanzler-Art

„Ho' mir ma 'ne Flasche Bier": Stefan Raab macht Schröder zum DJ – vielleicht zu dessen Gunsten

Von Stefan Schirmer

Die Karriere von Gerhard Schröder als Interpret „Ballermann"-tauglicher Polkamusik begann am 23. August im thüringischen Sondershausen. Der Bundeskanzler, auf politischer Tournee im Osten, hatte gerade ein Ausbildungsprojekt besichtigt. Gegen 18 Uhr kamen Hunger und Durst. Schröder saß an einem Biertisch, schrieb eifrig Autogramme und aß eine Wurst. Einem herumstehenden Jungen rief er den Satz zu: „Hol mir mal 'ne Flasche Bier, sonst streik ich hier und schreibe nicht weiter."

Der Kanzler ahnte nicht, dass er mit seiner Einlassung in den Fängen von Stefan Raab landen würde. „TV Total", die Pro-Sieben-Show des gelernten Fleischers aus Köln, verwurstet alles, was man normalerweise nicht senden würde. Raab sendet es. Bisweilen trägt er auch skurrile Schnipsel aus TV-Sendungen zu einem eigenen Tonstudio und kommt mit einem Hit wieder raus. So geschah es Ende 1999 mit den Sprechfetzen „Maschendrahtzaun" und „Knallerbsenstrauch" von Regina Zindler aus Auerbach im Vogtland.

Raabs neue Regina heisst nun Gerhard. Am Montag präsentierte Raab den drei Millionen Zuschauern seiner Show das neue Stück. Im Dreieinhalb-Minuten-Song, ein Mix aus Gangsta-Rap und Polka, rappt der Regierungschef: „Ho' mir ma 'ne Flasche Bier, Flasche Bier, Flasche Bier! / Ho' mir ma 'ne Flasche Bier, Flasche Bier, sonst streik ich hier!"

Im Internet holen sie sich schon: Binnen 48 Stun-

Das neue Stimmungsduo: Gerhard Schröder und Stefan Raab. Fotos: dpa

den haben mehr als 200 000 Fans den Titel kostenlos herunter geladen. Dort wippt der Kanzler als virtuelles Hampelmännchen rhythmisch im roten Overall, in der einen Hand eine Bierflasche. Auf dem Münchner Oktoberfest wird zum Titel von „MC Raab featuring DJ Schröder" schon geklatscht und gegrölt. Ob er als CD erscheint, ist noch offen. Am absehbaren Hitparaden-Erfolg müsste Schröder als Songtexter und Interpret finanziell beteiligt werden. Bisher sagte der Kanzler zu seiner Karriere wider Willen bloß: „Das hat er" - der Raab - „nur gemacht, um mich noch populärer zu machen."

Oder vielleicht doch eher lächerlich? „Nein, es steigert seine Popularität", sagt Klaus-Peter Schmidt-Deguelle, der als PR-Berater von Finanzminister Hans Eichel erfolgreich gegen dessen Grauschleier-Image ankämpfte. Der Kanzler leide zur Zeit unter dem Vorwurf, dass er sich in der Benzinpreis-Debatte über Sorgen der kleinen Leute hinwegsetze. Die volkstümliche Biernummer mache ihn nur beliebter.

Sächsische Ztg., Dresden

Auch im Ausland machen Stefan und DJ Bundeskanzler von sich reden.

A polca-techno do presidente Schroeder (Brasilien)

Uma frase do presidente alemão Gerhard Schroeder virou letra de música. E está nas paradas de sucesso de todo o país. Num dia muito quente de verão, Schroeder despachava em seu gabinete quando pediu: "Tragam-me uma garrafa de cerveja ou então vamos quebrar o pau aqui" (Holl mir eine Flasche Bier, sonst streike ich hier). O cantor e compositor alemão Stefan Raab soube da frase e ficou impressionado com o ritmo. Gravou a sentença repetidas vezes, acrescentou o refrão "Schluck! Schluk! (Beber! Beber!) e pôs um solo fortíssimo de bateria. A imprensa definiu a música como uma polca-techno. Em uma semana ela vendeu 250 mil cópias.

affa hit en flaska öl" — Dagens Nyheter (Schweden)

Raab är Tysklands galnaste komiker och tv-programledare, och han fuskar gärna lite med musik.

I fjol skrev han en låt, byggd på en löjlig drift med hela spektaklet, kom femma. Hans nya låt bygger på Schröder-citatet och heter just "Hol mir mal 'ne Flasche Bier" (Skaffa hit en flaska öl"). 700 000 tyskar har redan laddat ned låten från Internet, och på onsdag släpps cd-n.

Förutom äran får Schröder 30 pfennig (cirka 1,30 kronor) för varje såld skiva, och dessutom en slant varje gång den spelas i radio. Det kan bli mycket pengar, sången om grannfejden såldes i en miljon exemplar.

Schröders talesman säger att de eventuella intäkterna kanske kan gå till den organisation för misshandlade barn där Schröders fru Doris är aktiv.

Men blir det riktigt många D-mark kanske de kan användas för att sänka bensinskatter, reformera pensionssystemet eller någon arbetsmarknadspolitisk åtgärd i bryggeriindustrin.

gunnar.jonsson@dn.se

"Förutom äran får Schröder 30 pfennig för varje såld skiva, och dessutom en slant varje gång den spelas i radio."

How Beer and Bratwurst Made German Chancellor A Pop-Singing Sensation — Wall Street Journal (USA)

By CECILIE ROHWEDDER
Staff Reporter of THE WALL STREET JOURNAL

BERLIN—German Chancellor Gerhard Schroeder's political popularity may be flagging because of high energy taxes. But his career as a pop star is just taking off.

On a tour of the former East Germany last summer, Mr. Schroeder was signing autographs and eating a bratwurst when he told a bystander: "Get me a bottle of beer, or I will go on strike here."

That was music to the ears of butcher-turned-comedian Stefan Raab. Mr. Raab was so taken with Mr. Schroeder's off-the-cuff rhyme that he sampled it into a polka drinking song. Minutes after Mr. Raab played the tune Monday on his television show, the program's Web site broke down under the flood of visitors seeking to download the song. Mr. Raab released the song on compact disk two days later—it is expected to top the local charts next week.

"DJ Chancellor," as Mr. Raab has dubbed Mr. Schroeder, will get 15 cents for each of the $3 records sold, and $1.38 for each minute it airs on the radio. "Then he'll have enough cash to take back the energy tax," Mr. Raab said.

Mr. Schroeder has said he plans to give the proceeds to charity. In a televised interview yesterday, the German leader said spoofs like Mr. Raab's were a "professional risk" he had to live with. Not, perhaps, such an unpleasant hazard: In Berlin last week, he lifted his beer glass with a *prost* to Mr. Raab.

Raab und seine Fans

Eine Einschätzung von TV total-Autor Christoph Schulte-Richtering

In den ersten Folgen von TV total galt Stefan noch als verschrobener Alleinbleiber, der nur im täglichen Sortieren seiner Mettbrötchensammlung Befriedigung fand. Seine Fans hielten ihn in der ersten Zeit bei ProSieben für ein wenig wunderlich
– und das traf auch zu:
Nach den ersten Sendungen wurde Raab auf eigenen Wunsch sofort in den Hochsicherheitstrakt des Studios verbracht, wo mit laufendem Motor schon die mit Panzerglas gesicherte Harley-Davidson auf ihn wartete, auf der er dann – täglich einen anderen Weg nehmend – zu verschiedenen Apartments fuhr, die von Strohmännern zum Schein angemietet wurden. Erst nach zweistündigem Aufenthalt holte ihn dort am Hinterausgang eine abgedunkelte Limousine ab, die ihn nach Hause fuhr.
„Sie lieben mich, sie lieben mich nicht, sie lieben mich ...", – von Selbstzweifeln geplagt entlaubte er den liebevoll gepflegten Bonsai von seinem Nachbarn Ladislaus Kiraly, dem gefürchteten einbeinigen und blinden TV total-Regisseur. Alles Zureden half nichts: Aus Schüchternheit traute sich der damalige Nachwuchsmoderator nicht, mit seinen Fans Kontakt aufzunehmen.
Erst als er eines Abends allein durch die nebligen Straßen seiner Heimatstadt (einem kleinen Vorort von London) wandelte, kam die Wende. Aus den Fenstern einer erleuchteten Kneipe zog ihn ein glockenhelles Lachen an. Neugierig geworden, blickte er durchs Fenster und stellte fest, dass im Fernsehen eine Aufzeichnung von TV total lief. Die Leute lachten!

6.3.2000

Hallo, lieber Herr Stefan Raab!

Als Sie gesungen haben, „Wadde-hadde dudde du". Bin ich von meinem Stuhl aufgestanden u. hab mit gesungen u. getanzt. Bin 73 Jahre u. nicht immer gut beisammen, aber bei diesem Rythmus muß man mit machen, bei natürlicher Fröhlichkeit, was mit auf den Weg gab.
Nichts gegen, die schöne ...

Lieber Herr Stefan R a a b!
Wir sind hier in einer Herrenrunde- 8
in einer " hohen Jugend!!), zwischen
Verfalldatum ist bereits überschritten
Alle sind wir begeistert von Ihrem neu
wirklich den 1. Platz verdient in unse
Asbach-Uralten, Konservativen Germany.
Oft bekommen wir zu hören wenn in eine
unsere Sympathie zu Ihnen mit anderen
Ihr neues Lied :" Wadde hadde usw." lo
Su jät deit m'r nit, su jät säht m'r n
Als Antwort sare isch denne dann immer
dat isch se op d'r Schöpp nemme) (man
schnell spreche):
" Do, hör ens!
  für su säht me,
  säht m'r nit su säht me,
  für su sähtme
  säht m'r su sahtme,
  su sähtme für su sähtme!!
Wenn die dat jehoot han hauen die av.

Lieber Herr Raab, wir drücken Ihnen für
fest die Daumen, alles Gute und

herzliche Grüß

---

lo Stefan Raab,
zlichen Glückwunsch zum Sieg beim Grand Prix. Wie
ere auch fand ich Deinen Auftritt sehr originell,
d superprofessionell. Ich denke mal, daß Du auch
ix wieder nach Deutschland holen wirst. Doch ein f
m Weg dahin sehe ich noch. Dazu gleich mehr.

In den letzten Jahren habe i
otelpage und Hoteldiener (Mischung aus Page und P
gearbeitet. In dieser Zeit (bis Januar diesen Jah
ich vielen Gästen die Koffer getragen. Darunter w
viele Prominente. Genauso viele Koffer getragen,
Geschichten könnte ich erzählen. Doch nun zurück
Problem, welches Du bekommen könntest:
 – Auf dem Weg nach Stockholm könnte der Koff
   Kostümen für den Auftritt verloren gehen o
   Flughafen vergessen werden
 – Du könntest beim Koffertransport verletzt
   verheben oder sogar verletzen
 – eigene Koffer könnten mit fremden vertau
 – Fans könnten versuchen, originale Raab-K
   Souvenirs mitzunehmen
Doch da gäbe es die Lösung. Nehme Dir einen
Kofferlogistik und des Koffertragens mit. M
kümmere mich von Deutschland bis Stockholm u
Gepäck. Selbstverständlich zahle ich Flug und so
selber. Geld will ich auch nicht.
Meine Gründe für dieses (nicht auszuschlagene Angebot)
sind a) ich war noch nie in Schweden b) die Krönung meines
Wirkens in der Hotellerie als Kofferträger. Es fehlten nur
wenige Prominente u.a. Stefan Raab.
Also bitte, gib mir die Chance dazu. Danke.
 – falls dieser Traum nicht gelingen kann freue ich
   ein Autogramm im beiliegenden Umschlag.

Raab und seine Fans

Man mochte ihn scheinbar!
Sofort lief er ins Büro, um Fanpost zu lesen. Eine warme Welle der Sympathie schlug ihm entgegen. Noch am selben Abend beantwortete er 1342 Briefe und rief 812 Fans an. Am nächsten Tag nahm er die Einladung zu einer Tupperparty an und hatte soviel Spaß, dass er nicht nur Tupper-Mitglied wurde, sondern auch dem örtlichen Bingo-Club und dem Maschendrahtzaun-Knüpf- und Klöppelverein beitrat.
Nicht nur das Management, auch die Fans waren irritiert. Immer öfter tauchte Raab jetzt auf Grillfesten auf, diente sich als Taufpate an und sang Hochzeitspaaren ungefragt Raabigramme vor. Kürzlich bat man ihn beim Schrebergartenfest höflich, aber bestimmt, zu gehen, weil er ohne Einladung über den Zaun geklettert war. Sogar Leuten, die gar keins wollten, gab er ungefragt Autogramme, bis sie ihn von der Polizei entfernen ließen. Hoffentlich geht das nicht so weiter, denn sonst hat Raab gar keine Zeit mehr, seine Sendung zu produzieren, sondern hängt nur noch auf Schützenfesten, Kindergeburtstagen und Kaffeekränzchen ab. Aber die machen ja auch Laune.

mail an: stefan.raab@tvtotal.de
betreff: Altenheim grüßt mal wieder

tefan, wir hoffen auf ein baldiges
nde der Sommerpause.
s sendet ganz liebe Grüße
ein Fan-Altenheim

Impressum

Verlag: Aqua Verlag
Eupener Str. 159
50933 Köln
Telefon: 0221-3991-0
Telefax: 0221-3991-100
e-mail: aqua-verlag@t-online.de
www.aqua-verlag.de

Konzeption und Redaktion: Kerstin Daniel

Herausgeber: Matthias Friese

Grafische Gestaltung: Shapefruit AG
Telegrafenstr. 13
53474 Bad Neuenahr-Ahrweiler
Telefon: 02641-8005-0

Titelbild: Stefan Menne

Autoren: Gaby Allendorf
Christoph Schulte-Richtering
Stefan Raab
Anja Lenzhölzer
Bürger Lars Dietrich
Kerstin Daniel

Mitarbeit: Dagmar Schellhas
Karin Morawietz
Svenja Makurath
Antje Richtscheid

Fotonachweise: Ralf Jürgens, Köln
Stefan Menne, Köln
Markus Litzinger, Köln
Stefan Raab, Köln
Michael Ebner, Bonn
Walter Ramirez, Bergheim
Olaf Heine / Agentur Upfront, Hamburg (2)
Stefan Gregorowius für die RTL Pressestelle/Bildredaktion (1)
Matthias Friese, Koblenz
Gaby Allendorf, Köln
picture press, Hamburg (1) Seite 1
WDR Pressestelle/Bildredaktion, Köln (4)
VIVA, Pressestelle, Köln
dpa, Hamburg (1) Seite 46
action press, Hamburg (2) Seite 46
Foto Erdmännchen: mit freundlicher Genehmigung des Kölner Zoos

Herstellung: Die Produktioner, GmbH
Galileistr. 218
53177 Bonn
Telefon: 0228-95724-0

ISBN 3-980 67 78-7-7
Printed in Germany 2000

Viele Dankeschöns an:
Nucleus, Karin Gieselmann und
Bürger Lars Dietrich für Text und Fotos
Anja Lenzhölzer für ihre Unterstützung
Die unzähligen Stefan Raab- und TV total-Fans

Klaus-Dieter Hornig für seinen „Raabiator"
Julia Krenn für ihre großartigen Portraitzeichnungen